El Médico de los Pobres
Dr. José Gregorio Hernández

RECORRIDO POR VENEZUELA

HERNÁN DE BÉKY

Editado por Luis Medina | Ilustrado por Omar Cruz

El Médico de los pobres
Dr. José Gregorio Hernández

© Copyright 2020, Luis Medina. All rights reserved.

For more information visit:
www.unoproductions.com | www.figfactormedia.com

Cover Design & Layout by Jacqueline Landaeta
Printed in the United States of America

ISBN: 978-1-952779-60-2
Library of Congress Number: 2020923215

CRÉDITOS

Editor
Luis Medina
Empresa
UNO Productions Inc
www.unoproductions.com
Directora Proyecto: Aleira Maniord
Escritor
Hernán de Béky
Artista Ilustraciones
Omar Cruz
Diseñadora Libro
Jacqueline Landaeta

ÍNDICE

Ilustración de JGH-Venezuela 4-5
Agradecimientos 6
Prólogo por SE el Cardenal Jorge Urosa Savino ..7
Ilustración de JG H-Amazonas 8-9
Aspectos biográficos de José Gregorio Hernández 10
Nacimiento, bautizo y confirmación de José Gregorio Hernández 11
Ilustración de JGH-Anzoátegui 12
Sus primeros estudios en primaria y secundaria 13
Ilustración de JGH-Apure 14
Sus estudios universitarios 15
Ilustración de JGH-Barinas 16
Biografía profesional 17
Ilustración de JGH-Bolívar 18
Sus estudios en Europa: París, Berlín 19
Ilustración de JGH-Carabobo 20
El milagro de la Beatificación del Dr. José Gregorio Hernández 21
Ilustración de JGH-Cojedes 22
La causa de la Beatificación del Dr. José Gregorio Hernández 23
Ilustración de JGH-Vargas 24
Alocución del Cardenal Jorge Urosa Savino en el acto de exhumación del Dr. JGH. en Caracas 25
Ilustración de JGH-Delta Amacuro 26
Lugares con el nombre de JGH, estados, ciudades 27
Ilustración de JGH-Distrito Federal 28-29
La sobrina directa de José Gregorio Hernández: "Chispa" 30
Su personalidad y legado 31
Ilustración de JGH-Falcón 32
Vida Personal. Gustos. Amistades. Romances 33
Ilustración de JGH-Guárico 34

Fe y clamor popular que existe en Venezuela 35
Ilustración de JGH-Mérida 36
Anécdotas de José Gregorio Hernández 37
Ilustración de JGH-Merida 38
Continuación Anécdotas de José Gregorio Hernández 39
Ilustración de JGH-Miranda 40
Anécdotas de José Gregorio como médico rural 41
Ilustración de JGH-Monagas 42
Continuación Anécdotas de José Gregorio como médico rural 43
Ilustración de JGH-Nueva Esparta 44
Un día en la casa de los Hernández Cisneros 45
Ilustración de JGH-Portuguesa 46
Continuación Un día en la casa de los Hernández Cisneros 47
Ilustración de JGH-Sucre 48
Relación de José Gregorio con el General Juan Vicente Gómez 49
Ilustración de JGH-Táchira 50
Continuación Relación de José Gregorio con el General Juan Vicente Gómez 51
Ilustración de JGH-Trujillo 52-53
Testimonio de Florencio Gómez Núñez, hijo del Gral. Gómez 54
José Gregorio y su relación con los Presidentes de Venezuela 55
Ilustración de JGH-Yaracuy 56
Referencias bibliográficas 57
Ilustración de JGH-Zulia 58
Referencias bibliográficas 59
Ilustración de JGH-Vaticano 60-61
Archivo digital-audiovisual de cine y televisión 62-63
Perfil Luis Medina, Omar Cruz, Hernán de Béky 64

AGRADECIMIENTOS

Nota del Editor

Su Eminencia Cardenal, Jorge Urosa Savino
Marinellys Tremamunno, periodista
José Pérez, productor
Abraham Contreras
Mis Inspiraciones: Mi madre María Luisa Carrasco, Laura Fabián-Medina, Mauricio Medina, Sebastián Medina, Valentín Medina, Franzia Medina & Mi Amada Familia en Venezuela & el mundo. Y claro a, Mi Bella Patria Venezuela

Hoy quiero celebrar el anuncio de La Beatificación, con este libro ilustrado del Dr. José Gregorio Hernández y su imaginario "RECORRIDO POR VENEZUELA". Un gran acontecimiento que motiva a nuestro amado pueblo venezolano a tener aun mas Fe, por la tan esperada noticia que se originó en El Vaticano el día 19 de junio del 2020, cuando el PAPA FRANCISCO informó su sabia decisión de anunciar globalmente la Beatificación del Dr. José Gregorio Hernández. Un anuncio que sin duda ha conmovido a todos los católicos y creyentes en este **Hombre de Dios**. La Beatificación se celebrará en Caracas, Venezuela tentativamente en abril del año 2021.

Trabajar con nuestro equipo en la creación de este libro ilustrando al Dr. José Gregorio Hernández en cada uno de los 24 estados de Venezuela, fue para mí una inspiración, producto primeramente de la gran Fe que se le profesa a José Gregorio en nuestra muy extensa FAMILIA MEDINA. Todos siendo alimentados en gran parte por la fe católica de mi amada madre, MARÍA LUISA CARRASCO, y por la profunda devoción y Fe que por experiencia propia le profesa, primordialmente por sus vívidos testimonios, mi hermano TEÓDULO MEDINA. Nuestra motivación es impulsada también por el trabajo que realiza mi querido amigo y productor, José Pérez, hombre reconocido en el mundo de la televisión, quien es fiel creyente y ferviente seguidor del Dr. José Gregorio Hernández, y que ha producido una excelente obra de teatro en la cual se revive la vida del SANTO PATRIOTA. Gracias amigo mío.

En este proyecto ha trabajado un extraordinario equipo de talentosos profesionales, viejos y nuevos amigos, todos muy apreciados y queridos. La obra, manifestada en ilustraciones, la realizamos con el gran artista venezolano del pincel, *Omar Cruz*. Su excelente trabajo, realizado con gran paciencia a pesar de mis constantes cambios, lo he apreciado mucho de corazón. Omar trabajó por meses, con constancia y dedicación, y nos ha creado preciosas imágenes, únicas e inéditas, que muestran *El Gran Recorrido del Dr. José Gregorio Hernández por Venezuela*. Gracias mi nuevo amigo.

El trabajo de investigación y escritura sobre la vida del Dr. Hernández, fue una labor de primer nivel, realizada por Hernán de Béky, un multi talentoso autor y gran amigo, también venezolano. Fue en verdad un gigantesco placer hacer equipo con Hernán y entusiasmarme día a día con su rigurosa investigación, de la cual surgió el nutrido contenido escrito sobre la vida y obra del Dr. José Gregorio Hernández. Gracias mi querido Hernán.

Tengo un agradecimiento especial con la prestigiosa periodista venezolana-italiana Marinellys Tremamunno, quien está acreditada como reportera en El Vaticano, con cuya generosa colaboración pudimos lograr el contacto con Su Eminencia el Cardenal Urosa Savino.

Capítulo especial merece la participación de Su Eminencia El Cardenal Jorge Urosa Savino, a quien le encargamos nos ayudara. El Prólogo que Su Eminencia el Cardenal escribió para este libro fue, en definitiva, una manifestación de viva Fe en el Dr. Hernández. Gracias Su Eminencia, mi muy querido Cardenal Urosa Savino, por su invaluable apoyo y generosidad al brindarnos su aporte a este libro que le pertenece a todos los venezolanos.

Mi agradecimiento muy especial es con mi gran equipo de UNO PRODUCTIONS INC., nuestra empresa familiar, encabezada principalmente por Aleira Maniord, gran amiga venezolana y mi mano derecha. También a la diseñadora del libro, la muy creativa Jacqueline Landaeta. Capítulo aparte también se merece la empresa Fig Factor Media, basada en Chicago. Encabezada por su líder, mi nueva amiga Jacqueline Camacho-Ruíz y su gran equipo, todos han trabajado junto con nosotros en llevar este libro a un nivel de máxima excelencia, desde su diseño hasta su distribución final, para que llegue a todas partes del mundo.

Dedico este libro de corazón a mi esposa Laura Fabián-Medina y a nuestros hijos Mauricio, Sebastián y Valentín. También dedico este proyecto, a mi querida hija Franzia y a todos los que, de alguna manera, han sido personas determinantes en mi vida, tanto en lo personal como en lo profesional.

Quiero dedicar este libro a todos los miembros de nuestro Clan Medina, como al principio lo dije; a mi amada madre María Luisa Carrasco, y también a todos mis hermanos y hermanas: Alberto Antonio, Yolanda, Carmen, Flor, Pablo, Teódulo, Luisa, Pastora, Ilenia, Irma, Albertico y a mi amado hermano Simón, quien espero esté muy cerca del Dr. José Gregorio Hernández allá en el Cielo. Somos muchos en esta gran familia, y me ocuparían muchas páginas si tuviera que mencionarlos a cada uno de ellos, mas en esta dedicación, están todos incluídos: mis amados, primos y primas, mis sobrinos y sobrinas, sus hijos y toda esta hermosa y gigantesca familia que Dios nos ha dado. Yo la llamo: EL CLAN MEDINA.

Finalmente, este texto y sus imágenes están dedicados muy especialmente a nuestro sufrido pueblo de Venezuela. Ojalá que esta Beatificación del Dr. José Gregorio Hernández traiga consigo millones de bendiciones, y con ellas, la luz, la justicia, y también la esperanza de ver un cambio en la unidad, en el clima político, en la vida, en el progreso, en la democracia de nuestro pueblo y de toda nuestra amada patria Venezuela.

Gracias a todos y muchas bendiciones.
LUIS MEDINA
Editor

PRÓLOGO

"RECORRIDO POR VENEZUELA" JOSÉ GREGORIO, HOMBRE DE DIOS

El pasado 19 de junio el Papa Francisco firmó el decreto de aprobación del milagro de curación extraordinaria de la niña Yaxuri Solórzano Ortega, atribuido a la intercesión del Venerable Dr. José Gregorio Hernández. Se despejó así el camino hacia la Beatificación de nuestro querido y famoso médico de los pobres y cristiano ejemplar. En vistas de ese anhelado evento que tendrá lugar el próximo año 2021, se están desarrollando varias iniciativas de todo tipo.

Una de ellas es la publicación de este libro, **"Recorrido del Dr. José Gregorio Hernández por Venezuela"**, que presenta la vida y virtudes del Dr. Hernández, y lo hace recorrer gráficamente todo el país, gracias al texto del Sr. Hernán de Béky y a las imágenes del artista Omar Cruz.

El editor de la obra, Sr. Luis Medina, empresario venezolano radicado en Estados Unidos, me ha pedido amablemente escribir el prólogo. Habiendo sido yo Vicepostulador de la Causa de Beatificación de José Gregorio desde 1984 hasta 1990, y luego Actor o responsable principal de esa Causa desde 2005 hasta 2018 en mi carácter de Arzobispo de Caracas, he accedido a esa petición. Esta obra será un instrumento para la difusión del conocimiento, el afecto y, sobre todo, la devoción religiosa del pueblo venezolano y de otros países a este extraordinario **hombre de Dios**. Y me da la oportunidad de destacar algo que es muy importante: la grandeza espiritual, religiosa de José Gregorio Hernández.

Me explico: con toda justicia, en el mundo académico, universitario y médico, entre el pueblo sencillo y fiel, en el campo de los grandes valores humanos, el Dr. Hernández ocupa un lugar preeminente, privilegiado. Sin duda fue un gran venezolano, serio y varonil, sociable y amable, de conducta ejemplar, recta y honesta, de gran actitud cívica y elevación cultural. Fue una persona de inteligencia brillante y superior, que sobresalió siempre en toda su carrera universitaria. Por supuesto que luego fue un gran profesor en la Facultad de Medicina, y fue un gran científico e investigador, que instaló en Venezuela el primer laboratorio de fisiología y bacteriología, dando así un gran impulso a los estudios de medicina en nuestro país. Todos sabemos que fue un excelente médico, sumamente competente y acertado, pero además, lleno de ardiente caridad y generosidad hacia los más pobres, a quienes atendía personalmente en su consultorio y en sus domicilios.

Todas esas grandes cualidades y valores lo califican como un eminente y destacado venezolano. Pero quiero destacar que lo que lo movió interiormente a brillar en todas esas actitudes y conductas laudables; lo que lo lleva ahora a la Beatificación, fue su ardiente amor a Dios, y su sólida vida cristiana. En efecto: como lo proclama el Papa San Juan Pablo II en su decreto del 16 de enero de 1986, con el cual reconoció la Iglesia las virtudes heroicas, excepcionales, -es decir, practicadadas en grado sumo-, del Dr. Hernández, este se destacó sobre todo por su intensa fe, su gran esperanza y su ardiente caridad.

José Gregorio Hernández fue un verdadero **hombre de Dios**, de una intensa vida espiritual, es decir religiosa. Era muy piadoso, es decir, que vivió en actitud de oración, aun en medio de sus actividades ordinarias, y que tenía una intensa práctica de piedad: participaba en la Santa Misa diariamente, rezaba el Rosario, tenía una gran devoción a Cristo y a la Santísima Virgen, amaba ardientemente la Eucaristía. Además, perteneció a una asociación laical de vida espiritual y apostolado, la Tercera Orden de San Francisco, y era muy afecto y cercano al insigne Arzobispo de Caracas, Mons. Dr. Juan Bautista Castro y a los sacerdotes de la ciudad. Por eso, por ser un auténtico hombre de Dios y de la Iglesia, vivió intensamente la caridad, la solidaridad, la bondad hacia los más pobres. Esto lo colocó en el corazón de los venezolanos de su época, hasta el punto de que el pueblo caraqueño, volcado en su cortejo fúnebre el 30 de junio de 1919, cargando al hombro sus restos al Cementerio, exclamaba con orgullo: "el Dr. Hernández es nuestro."

Sin duda, fue sobre todo la práctica de las virtudes cristianas, las teologales de fe, esperanza y caridad, y las cardinales de prudencia, justicia, fortaleza y templanza, la razón para que en 1986 el Papa San Juan Pablo II lo declarara "Venerable", y para que ahora, el Papa Francisco lo eleve a los altares como Beato de la Iglesia, digno de recibir culto religioso en Venezuela.

Felicito al editor y a los autores de este libro, único en su estilo - con imágenes que colocan a José Gregorio en todos los rincones de Venezuela, con el relato de su vida amenizado con anécdotas, testimonios y comentarios, y hago votos porque mueva a los lectores a imitarlo. Primero, en la práctica de las virtudes humanas, siendo buenos ciudadanos. Pero, sobre todo, imitarlo en el intenso amor a Dios, en la vida espiritual y de piedad, en la unión con Dios y con la Virgen María, en el cumplimiento de los mandamientos de la Ley de Dios, en la caridad intensa al prójimo, en la solidaridad con los que sufren, en la práctica de los actos de piedad. Que todos veamos a José Gregorio como un verdadero y virtuoso **hombre de Dios, insigne por su santidad,** y queramos imitarlo en la práctica del amor a Dios y al prójimo, y en la vivencia de nuestra fe católica. Amén.

Caracas, 20 de octubre de 2020
CARDENAL JORGE UROSA SAVINO,
Arzobispo emérito de Caracas

José Gregorio Hernández Cisneros

Investigación y compilación por Hernán de Béky
hernandebeky@sbcglobal.net

Aspectos biográficos de José Gregorio Hernández

José Gregorio Hernández Cisneros nació el 26 de octubre de 1854 en un pueblo en Los Andes venezolanos llamado Isnotú, Parroquia Libertad, Estado Trujillo, Estados Unidos de Venezuela. Falleció a los 54 años el domingo 29 de junio de 1919 debido a un arrollamiento accidental de automóvil cuando se disponía a atender a una paciente en la Parroquia La Pastora en Caracas, Venezuela.

José Gregorio Hernández fue un médico, científico, profesor y filántropo de vocación religiosa católica, miembro de la Orden Franciscana Seglar (OFS). Es reconocido y venerado en Venezuela, Ecuador, Colombia, Bolivia, Panamá, Aruba, y lugares con una importante colonia de venezolanos, como las Islas Canarias. Declarado futuro beato por el Papa Francisco en 2020, se espera su Beatificación en el año 2021.

Sus padres fueron Benigno María Hernández y Manzaneda y Josefa Antonia Cisneros y Mansilla. Por parte de padre, sus ancestros los Hernández Yangüas de ascendencia Canaria, llegan a Venezuela en 1734 procedentes de Colombia, siendo Gobernador de Caracas Don Ruy Hernández. Su tatarabuelo el canario Antonio Febres Cordero llega a Venezuela en 1730, estableciéndose en Coro, Estado Falcón donde llegó a ser alcalde.

El abuelo paterno de José Gregorio, Don César Hernández de Yangüas, se estableció en Boconó, Estado Trujillo. Es de esta rama de los Hernández que desciende Benigno María Hernández y Manzaneda, el padre de José Gregorio, que nació en Boconó Estado Trujillo, Venezuela, el 13 de febrero de 1830, hijo de Remigio Hernández de Yangüas y Febres Cordero y Lorenza Ana Manzaneda Salas, abuelos paternos de José Gregorio.

Por pedido de su abuelo don Remigio, el papá de José Gregorio, don Benigno, joven y huérfano de madre, decide trasladarse al Estado Zamora, actual Estado Barinas, a la Villa de Nuestra Señora de Pedraza en los llanos venezolanos, donde se estableció por las condiciones favorables de este sitio para desarrollar actividades comerciales con otras regiones de Venezuela.

En Pedraza, don Benigno conoció a Josefa Antonia Cisneros Mansilla, hermosa joven lugareña, de quien se enamoró y se comprometió en matrimonio. Sin embargo, don Benigno, su hermana María Luisa y su novia Josefa Antonia al igual que otros habitantes de este estado, se vieron obligados a huir por los caminos de montaña hacia la cordillera de los Andes, para ponerse a salvo de los enfrentamientos bélicos de la Guerra Federal (1859-1863), cuyas acciones se centraron en esta región de los llanos venezolanos.

Fotografía del Dr. José Gregorio Hernández, Nueva York circa 1917.

Después de una larga y penosa travesía, don Benigno, con Josefa Antonia y María Luisa llegan a Boconó, su ciudad natal, donde encuentran gente amiga que los ayudan a comenzar su vida en Isnotú, localidad trujillana propicia para dedicarse al comercio, ya que durante el siglo XIX, este pueblo era lugar de tránsito de numerosos viajeros y comerciantes entre Los Andes y las poblaciones de la costa del sur del Lago de Maracaibo.

En Isnotú, don Benigno estableció una típica bodega o pulpería de la época en la parte delantera de la casa, donde se vendían los productos de consumo de los arrieros que transitaban por esta localidad y habitantes del pueblo como: café, papelón, queso, granos, tabaco, chimó, jabones, telas, y otros productos. También vende plantas medicinales y medicamentos, ya que él fungía de médico en el pueblo de Isnotú y sus alrededores.

Una vez establecido formalmente en Isnotú, don Benigno María Hernández y Manzaneda contrae nupcias con Josefa Antonia Cisneros Mansilla el 22 de octubre de 1862. Don Benigno tenía sólidas relaciones comerciales con firmas de prestigio en Maracaibo, entre ellas las compañías de Blohm, Manuel Dagnino y Münch van Dissel. Ya para 1872, manejaba un capital de más de 50 mil pesos, una pequeña fortuna para la época.

La palabra Isnotú es de orígen indígena de los indios cuicas (norte) y timotes (sur) y significa la siembra de trigo. Isnotú pertenece al municipio Libertad del Estado Trujillo. A Trujillo se le conoce también como la ciudad de los santos.

José Gregorio Hernández Cisneros

Nacimiento, bautizo y confirmación

José Gregorio Hernández Cisneros Manzaneda y Mansilla nació el miércoles 26 de octubre de 1864 en Isnotú, Parroquia Libertad, capital del Distrito Betijoque del Estado Trujillo, Venezuela siendo el primero de seis hermanos. José Gregorio nació en una vieja casa de tapias, 'techada con palmas' y piso de ladrillo, anteriormente ocupada por 'una especie de mesón para caporales de arrias y gentes humildes'.

Su hermana María Isolina, la primogénita, había fallecido a los siete meses en diciembre de 1863. Sus hermanos fueron: María Isolina del Carmen, nacida en mayo de 1866. En septiembre de 1867 nació María Sofía, seguida por César Benigno, en agosto de 1869. El último varón, José Benjamín Benigno, nació en septiembre de 1870. Por último, Josefa Antonia quien nació en agosto de 1872.

Toda su infancia la vivió José Gregorio en su pueblo natal. Su madre se dedicaba a labores del hogar y su padre era dueño del almacén local de mercancías secas, víveres y farmacia. Isnotú era entonces apenas un pequeño caserío de humildes hogares agrupados en torno a dos calles. La vía principal era de 1.700 metros de largo y ocho de ancho, y la otra de 600 metros con siete y medio de ancho. Isnotú, se eleva a 850 metros sobre el nivel del lago de Maracaibo.

José Gregorio fue bautizado José por su madre Josefa y Gregorio por un ancestro materno suyo, el día 30 de Enero de 1865 por el padre Victoriano Briceño en el antiguo Templo Colonial de Escuque (actual Iglesia Parroquial de El Niño Jesús de Escuque), siendo sus padrinos Tomás Lobo y Perpetua Enríquez.

Al momento del bautizo de José Gregorio, sus padrinos Tomás Lobo y Perpetua Enriquez de orígen español, notan que el niño no llora como era común. "Este niño parece que sabe lo que está pasando", exclama uno de ellos, al notar la mirada fija del bebé José Gregorio en el rostro del sacerdote mientras le dispensa el agua del bautismo. De niño, se dice que José Gregorio tenía una mirada cándida, angelical.

Su madre doña Josefa, se encarga de inculcarle la fe cristiana durante su niñéz, con instrucciones muy precisas de rezar varias veces al día (al despertarse, al comer los alimentos y al acostarse) el Padre Nuestro y el Ave María. Su mamá le decía: "Nuestro mayor tesoro es la virtud, la caridad y la fe en el Ser Supremo."

Sus raíces estaban impregnadas de religiosidad. Desde la generación de su tío bisabuelo hasta la de su madre, los integrantes de su familia profesaban la religión católica. Su tío bisabuelo se emparentaba con el Santo Hermano Miguel; su abuelo descendía del cardenal Francisco Jiménez de Cisneros confesor de Isabel La Católica y su madre era una fiel devota, razón por la cual fue educado con fundamento católico.

José Gregorio recibe la Confirmación el 6 de diciembre de 1867 a los tres años de edad por el señor arzobispo Juan Hilario Boset y apadrinado por el presbítero Francisco de Paula Moreno Obispo de Mérida en el pueblo de Betijoque. Su madre, Josefa Antonia Cisneros, fallece cinco años mas tarde, en 1872, por los rigores del parto sin la atención de un médico, cuando José Gregorio apenas tenía ocho años de edad.

A los 7 años de edad, José Gregorio celebra su Primera Comunión en la Iglesia Parroquial de Nuestra Señora del Rosario de Libertad en 1871. Al año siguiente, el 28 de agosto de 1872 fallece su madre, doña Josefa, tras dar a luz a su hermanita que llevaría por nombre el mismo de su madre. Debido a esta pérdida irreparable, su tía María Luisa Hernández Manzaneda pasa a encarar la crianza tanto del propio José Gregorio como la de sus hermanos, llegando a ser para toda la familia como una segunda madre.

El fallecimiento de su madre afecta para siempre terriblemente al pequeño José Gregorio con tan corta edad. El carácter disciplinado, obediente y bondadoso se lo inculca su madre. De doña Josefa, José Gregorio aprende los rezos y las costumbre religiosas. De su padre, don Benigno, heredó la firmeza de carácter, la constancia y la responsabilidad.

José Gregorio Hernández Cisneros

Sus primeros estudios en primaria y secundaria

El primer maestro de José Gregorio fue Pedro Celestino Sánchez marino de profesión, quien regentaba una escuela primaria privada en Isnotú. Él notaría muy pronto las habilidades e inteligencia del pequeño. José Gregorio continuó y reforzó aquellas enseñanzas impartidas por su madre, destacándose entre sus compañeros del colegio primario por su puntualidad e interés en los estudios

El maestro Sánchez, despertó en José Gregorio esa avidez de conocimientos, y luego de unos años, le informó a su padre que él consideraba que no tenía más que enseñar a su hijo, y que no convenía desaprovechar aquellas cualidades que resaltaban en la inteligencia privilegiada de José Gregorio. Su consejo era que lo enviará cuanto antes a Caracas a perfeccionar sus estudios, porque este niño era nacido para la Ciencia y las Letras.

Podemos afirmar, que el primer maestro de José Gregorio, don Pedro Celestino, fue un verdadero educador que aunque no se había preparado específicamente para esa delicada e importantísima actividad, había podido constatar a través de su experiencia las aptitudes de aquel alumno, y gracias a su acertada sugerencia se continuó desarrollando ese extraordinario talento natural para el estudio de José Gregorio.

En su adolescencia, José Gregorio se traslada a la ciudad de Trujillo en el estado homónimo, para estudiar el bachillerato en el Colegio Federal de Varones que aún existe hoy día bajo la denominación de Liceo Cristóbal Mendoza. No pasaría mucho tiempo antes de que José Gregorio abandonara la tranquilidad de las tierras andinas para continuar su formación académica en la ciudad de Caracas.

A los trece años de edad, José Gregorio manifestó a su padre su deseo de estudiar la carrera de derecho. Sin embargo, su padre (al notar la meticulosidad e interés que el niño le ponía al leer los distintos medicamentos de su tienda), le convenció para que estudiara medicina y él aceptó. A partir de ese momento obedeció la orden de su padre y tomó la medicina como una vocación.

En 1878, José Gregorio, bajó de la sierra trujillana hasta Caracas, siguiendo una larga travesía: Isnotú, Betijoque, Sabana de Mendoza, Santa Apolonia y La Ceiba en mula. Por el lago hasta Maracaibo y después por mar a Curazao, Puerto Cabello y La Guaira, y por tren, desde este puerto, a la ciudad capital. El viaje tardó tres meses. José Gregorio no tenía pasaporte para ese viaje.

Al llegar a Caracas, la capital del país llamado entonces los Estados Unidos de Venezuela, inició sus estudios en el Colegio Villegas en calidad de interno, dirigido en ese momento por el doctor Guillermo Tell Villegas, fundador de este colegio, que quería transmitir una educación encaminada a apreciar la paz, la democracia, la libertad y la República.

Inicialmente José Gregorio se hospedó en habitaciones del mismo colegio. Relataba el Doctor Villegas, fiel amigo de siempre, que *"Hernández poseía un carácter taciturno y callado, serio y reflexivo, poco jugaba con sus compañeros y en los recreos prefería estudiar música y leer. Leía a Plutarco, Kempis y "La vida de los santos"*. Estudia con voracidad, como impulsado por una fuerza interior, llegó a poseer una cultura enciclopédica, sometido a una recia disciplina

Según el doctor Villegas, *"José Gregorio era poco dado a jugar con sus compañeros y prefería pasar el tiempo libre del recreo en compañía de libros, especialmente la enciclopedia. Durante sus años en el colegio Villegas, José Gregorio siempre obtuvo las mejores notas, ganó distinciones y premios, y en varias ocasiones las medallas de la aplicación y de buena conducta"*.

Estudió los cursos del Preparatorio y Filosófico, equivalentes a lo que después se llamaría el bachillerato. José Gregorio es un muchacho atento a las explicaciones de los profesores, de inteligencia despierta y que retiene con facilidad los conocimientos. Ninguno de sus compañeros se extraña de que le den premios. José Gregorio obtiene en tres oportunidades premios a su aplicación y buena conducta.

José Gregorio obtiene medallas en Etimología castellana, porque siempre desde pequeño le llamaron la atención las curiosidades del idioma. También en Gramática castellana, Francés, Aritmética, Geometría, Latín, Griego y Geografía Universal. Como consecuencia de esta trayectoria, le nombran inspector de disciplina en el colegio. Todo un record para un muchacho tan jóven, que apenas llega a los 17 años.

Fue en este colegio que José Gregorio incursionó por primera vez en el campo de la docencia, cuando siendo todavía estudiante del primer año de Filosofía, le confían el cargo de Profesor de Aritmética de una de las secciones del Colegio Villegas, asignatura en la cual era muy aventajado. El 8 de junio de 1882, recibió el título de Bachiller en Filosofía con notas sobresalientes.

Al joven José Gregorio le fue muy bien en el Colegio Villegas. El Dr. Guillermo Tell Villegas, no solo lo instruyó, sino que continuó la formación de José Gregorio recibida en Isnotú como ciudadano amante de la paz, la libertad y el amor a la Patria, Venezuela. El 16 de noviembre de 1882, contrae segundas nupcias el padre de José Gregorio con doña María Hercilia Escalona, en la parroquia de San Alejo de Boconó. De esta unión nacerán otros seis hermanos de José Gregorio.

Apure

José Gregorio
Hernández Cisneros

Sus estudios universitarios

Corre el año de 1882. Poco más de cuatro años han transcurrido desde que aquel muchacho introvertido, que descendió de su mundo protegido en los Andes a la capital, termina sus estudios secundarios. José Gregorio se ha vuelto un joven seguro de sí mismo, comedido, emprendedor. Presenta a la Universidad Central de Venezuela los recaudos de haber culminado sus estudios de bachillerato.

Cuando ingresó a la Universidad Central de Venezuela, José Gregorio tenía apenas 17 años. Durante sus dos primeros años de estudios universitarios continuó viviendo en el colegio Villegas, donde aun desempeñaba el cargo de inspector y donde era tratado como un miembro mas de la familia. Se matriculó para cursar la carrera de Bachiller en Ciencias Médicas. Sus materias eran: Anatomía, Higiene, Fisiología, Patología General, Patología Interna, Medicina Operatoria, Cirugía y Obstetricia.

En 1884, cuando comenzó a cursar el tercer año de medicina, José Gregorio dejó el colegio Villegas para establecerse en habitaciones alquiladas a los esposos Margarita Patria y Germán Puyou en la casa número 3 de Madrices a Ibarra. En casi todas las materias de los seis años de estudio en la Universidad Central de Venezuela, José Gregorio logró la calificación de sobresaliente y fue el estudiante más destacado en la carrera de medicina en la UCV.

Junto con sus estudios de medicina, José Gregorio daba clases particulares para ayudarse a sí mismo y a sus colegas. Aprendió de un amigo sastre a hacer ropa masculina y se hizo sus propios trajes a mano. Estaba convencido de que: *"En el hombre el deber ser es la razón del derecho, de manera que el hombre tiene deberes, antes que tener derechos"*.

José Gregorio tuvo un fructífero desempeño en la Universidad Central de Venezuela evidenciado por maestros de la talla de Adolfo Ernst, considerado el fundador de la escuela positivista venezolana y Adolfo Frydensberg, cofundador de la Sociedad Química de Caracas, así como de la Sociedad Farmacéutica de Venezuela, de quienes fue alumno.

Gracias a su amistad con Santos Dominici, José Gregorio tiene la oportunidad de tener acceso a la biblioteca del Dr. Aníbal Dominici, Rector de la universidad y padre de Santos. Esta era abundante en obras de medicina y sobre todo de las obras más recientes y completas editadas en Francia sobre todas las materias; Anatomía, Fisiología, Patología, Terapéutica y otras.

José Gregorio le explicaba los temas de medicina a Santos Dominici, tres años inferiores a él en los estudios, y es así como José Gregorio tuvo acceso a todos estos libros y adquirió los conocimientos más actualizados en la medicina de la época, que no eran impartidos en la facultad.

El 29 de junio de 1888 José Gregorio obtuvo el grado de Doctor en Ciencias Médicas con notas de **sobresaliente**, después de exponer oralmente con lucimiento su tésis ante diez profesores. Según comentario de su amigo fraterno Santos Dominici, uno de los presentes, que en la carrera lo seguía dos años atrás, **"El examen de Doctorado de Hernández en la Universidad fue memorable"**.

Al terminar el examen final de José Gregorio, los integrantes del Jurado se pusieron de pie, lo aplaudieron y lo abrazaron felicitándole. Y el Rector, Aníbal Dominici, al otorgarle el título le dijo con solemnidad: **"Venezuela y la Medicina esperan mucho del doctor José Gregorio Hernández"**. Esa noche, tiene lugar una gran recepción en casa del Rector universitario el Dr. Santos Dominici.

Al graduarse con el título de Doctor en Medicina en 1888, José Gregorio a los 23 años de edad era ya dueño de inconmensurables conocimientos, hablaba inglés, francés, portugués, alemán e italiano y dominaba el latín; poseía buenas nociones de hebreo, era filósofo, músico y tenía además profundos conocimientos de teología.

José Gregorio Hernández Cisneros

Biografía profesional

José Gregorio decide regresar a su región en 1888 y se dirige a Isnotú, su pueblo natal, por considerar que es su deber atender a los habitantes de Trujillo. Ejerce consecutivamente en los estados Trujillo, Mérida y Táchira, no sin antes instalar un pequeño consultorio provisional, con el cual se va extendiendo su carrera como médico. Allí se radicó hasta el 30 de julio de 1889, para ejercer entre esos tres estados andinos venezolanos.

Al incursionar como profesional en los distintos pueblos andinos, José Gregorio puede constatar que no había médicos en la región sino curanderos recelosos que no estaban dispuestos a perder su área de influencia y darle el paso al jóven médico graduado en la capital. Es por ello que, presionado por circunstancias políticas, decide abandonar Trujillo y emigrar al oriente de Venezuela en el mes de marzo de 1889.

José Gregorio llega al oriente del país en busca de una plaza que cubra sus expectativas como médico, pero no logra conseguirla. Incluso la embarcación donde viaja naufraga frente a las costas de Carúpano. A los pocos meses de estar allí decide regresarse a Caracas donde luchará por abrirse un porvenir y lograr su objetivo de viajar a Europa para continuar su formación como médico.

Un día cuando José Gregorio regresaba de San Cristóbal y Mérida se encontró con una carta de su maestro, el Dr. Calixto González donde le decía que lo había recomendado al Presidente de la República para que fuera a París a estudiar con perfección ciertas materias experimentales, porque creía que él reunía las condiciones para tan importante misión, y que salvo tener inconveniente, debía trasladarse a Caracas sin pérdida de tiempo y dispuesto a seguir viaje a Europa.

Es así que el Presidente de Venezuela, el Dr. Juan Pablo Rojas Paúl, por decreto ejecutivo del 31 de julio de 1889, dispone enviar a la Sorbona de Paris a un joven médico venezolano llamado José Gregorio Hernández con aptitudes reconocidas, para que se forme en teoría y práctica en microscopía, histología normal y patológica, bacteriología y fisiología experimental.

El becado se comprometía a informar de su gestión periódicamente, y a su regreso fundar las cátedras previstas. Adjudicando la beca de 600 bolívares, con el voto del Consejo Federal, es al ciudadano Dr. José Gregorio Hernández Cisneros, en quien ventajosamente concurren las favorables circunstancias personales a las que se refiere la resolución del Presidente de Venezuela, el Dr. Juan Pablo Rojas Paúl.

José Gregorio Hernández Cisneros

Sus estudios en Europa: París, Berlín

Corre el año de 1889 y José Gregorio se encuentra en París, donde se distinguió, al igual que en su patria, por su dedicación al estudio como lo afirmaron sus insignes profesores. Allí inicia su formación en el Laboratorio de Histología y Embriología bajo la tutoría del profesor Mathias Duval, donde aprendió técnicas y prácticas de laboratorio, fundamentos de la teoría celular, la historia de la anatomía microscópica y se adentró en el campo de la embriología. JGH compra un violín en la 1ra. Exposición Universal y admira la recién inaugurada Torre Eiffel.

Su maestro de la Universidad de París, el gran sabio francés Matías Duval, al dar constancia de los estudios del joven médico venezolano seguidos bajo su dirección, expresa textualmente: "El Dr. Hernández ha trabajado asiduamente en mi laboratorio y aprendido en él la técnica histológica y embriológica; me considero feliz al declarar que sus aptitudes, sus gustos y sus conocimientos prácticos en estas materias hacen de él un técnico que me enorgullezco de haber formado".

Luego, José Gregorio realizó la pasantía en el laboratorio de Fisiología Experimental bajo la dirección del profesor Charles Richet (Premio Nobel en 1913) cuyo mérito de haber trabajado con Etienne J. Merey, un destacado discípulo de Claude Bernard (1813-1878) lo familiarizó con la obra del máximo exponente de la medicina experimental en Francia. Fue así como pudo fundar después, en la Universidad Central de Venezuela, el Laboratorio de Fisiología Experimental, iniciándose así la Medicina Experimental en Venezuela.

En febrero de 1891, José Gregorio ingresó en el laboratorio del profesor Isidore Strauss, que había sido discípulo de Émile Roux y Charles Chamberland quienes lo fueron a la vez de Louis Pasteur, todos ellos precursores de la Bacteriología. Allí fue donde completó su preparación en esa importante materia. Strauss le instruirá sobre los principios de microbiología y bacteriología, así como las vacunas preventivas del carbunco y la rabia.

En su estancia por Francia, el 8 de marzo de 1890 muere su padre, Benigno Hernández, de quien se dice, heredó el carácter y la rectitud. Desde París, José Gregorio nombra como apoderado a su cuñado Temístocles Carvallo para disponer de los bienes que le quedaran como herencia, y se los entregó por completo a sus sobrinos, los hijos de su hermana Sofía con Temístocles Carvallo.

Concluídos sus estudios en París, José Gregorio Hernández solicita permiso para trasladarse a Berlín donde estudia histología y anatomía patológica, a su vez que inicia un nuevo curso de bacteriología. El alemán lo aprende en apenas días y sobre la marcha. Luego pasó por Madrid y asistió a clases con Santiago Ramón y Cajal.

Culminados sus estudios en Europa, Hernández regresa a Venezuela en 1891 a fin de ingresar como profesor en la Universidad Central de Venezuela en Caracas; además, aprovecha para traer de Europa equipos médicos al Hospital Vargas, por instrucciones del gobierno venezolano.

El Dr. Hernández escribió al Ministro de Instrucción Pública "Pronto como estoy a realizar el objeto primordial de esta misión, es decir la introducción en nuestro país de los estudios que constituyen el principal orgullo de la ciencia moderna, me apresuro a enviar a usted, la lista de los instrumentos, aparatos y enseres necesarios para la fundación del Laboratorio de Fisiología Experimental y Bacteriología de la Ilustre Universidad Central de Venezuela..."

El Presidente de la República de Venezuela el Dr. Raimundo Andueza Palacio, sucesor del Dr. Juan Pablo Rojas Paúl, conocedor de la capacidad y notas obtenidas en sus estudios en Europa, acepto su solicitud y le confió traer a Venezuela todo lo que el consideraba necesario para la instalación del mencionado laboratorio. El 6 de noviembre de 1891, el Rector de la Universidad Central de Venezuela Dr. Elías Rodríguez juramentó como profesor universitario al Dr. José Gregorio Hernández Cisneros y lo puso al frente de las mencionadas cátedras y del Laboratorio respectivo.

Es así como fue creada la primera cátedra de Bacteriología en América, y donde José Gregorio reintrodujo a Venezuela la enseñanza del uso y manejo del microscopio, así como las técnicas de estudio de tejidos y cultivo de microbios iniciándose la etapa verdaderamente científica de la medicina venezolana.

José Gregorio, dando cumplimiento a la labor encomendada por Decreto Presidencial, instaló, en el edificio de la Universidad Central de Venezuela, el Laboratorio de Fisiología Experimental y Bacteriología y funda el primer laboratorio de Medicina Experimental en Venezuela con la tecnología más avanzada de la época.

Para ello José Gregorio trajo los equipos, materiales y reactivos requeridos para poner a punto en el país las técnicas y procedimientos adquiridos en Francia, entre los que podemos citar los cuatro primeros microscopios modernos de 420, 865, 1250 y 1500 diámetros (microscopios fabricados por Zeiss) que tenían una serie de lentes según los planos de Abbé, lo que permitía, resolver las estructuras hasta los límites teóricos de la luz visible.

Amén de otros enseres de técnica histológica como fueron los tres microtomos de marcas Reichert, Cambridge, y Ranvier, cámaras de contaje hematológico, reactivos y numerosos colorantes. Asímismo como los últimos libros de técnica microscópica de Duval, y textos de histología, hematología, bacteriología, fisiología y anatomía patológica.

José Gregorio Hernández Cisneros

El milagro de la futura Beatificación del Dr. José Gregorio Hernández

Redacción por Diario El Tiempo. Vie, 19 Jun | 2020

El jueves 19 de junio de 2020, los cardenales en Roma aprobaron la Beatificación del doctor José Gregorio Hernández. El padre José Palmar fue uno de los que difundió la información y acotó que el próximo fin de semana el Papa Francisco podría firmar y anunciar oficialmente la Beatificación del venezolano.

Monseñor Víctor Hugo Basabe también dijo que "iniciamos un camino de preparación espiritual hacia la Beatificación del Venerable Dr. José Gregorio Hernández".

A la espera de que se haga oficial la autorización para su culto, son muchos los creyentes que conocen la historia y saben cuál es el milagro que lo exaltó, sin embargo, hay otros que desconocen el milagro por el cual José Gregorio Hernández será Beatificado.

Tras pasar por la aprobación en distintos niveles hasta llegar al Vaticano, será el milagro de la pequeña Yaxury Solórzano Ortega, ocurrido el 10 de marzo de 2017, que llevará al doctor José Gregorio Hernández al punto de ser venerado y reconocido como santo por el Vaticano. A continuación, le contamos la historia del milagro ocurrido en el estado Guárico, Venezuela.

Yaxury Solórzano Ortega, es una niña que en dicho año sufrió junto a su padre un robo en el caserío Mangas Coberas de Guárico. En el suceso los delincuentes dispararon contra la humanidad de la menor que terminó con una bala de rifle en la cabeza. Hubo evidencia de pérdida de masa encefálica.

Gravemente herida la niña de tan solo diez años de edad, fue trasladada a San Fernando de Apure, siendo internada en el Hospital Pablo Acosta Ortiz. El panorama para la niña y su familia no era alentador, el pronóstico del neurocirujano no era positivo, y él advertía que de salvarse, la niña quedaría sufriendo distintos padecimientos que afectarían su motricidad, la memoria y el lenguaje.

La madre de Yaxury, muy devota de José Gregorio Hernández, le pidió en oración que salvara a su pequeña. La dama habría recibido una respuesta del médico de los pobres que le decía: "No te preocupes, que tu hija va a salir bien".

Cuatro días después de ser intervenida quirúrjicamente, Yaxury reaccionó de la mejor manera, y según reseñan los medios nacionales, a los 20 días estaba completamente sana.

"El hecho fue calificado como inexplicable por el tribunal del Vaticano cuando una tomografía realizada en diciembre de 2018, ordenada por el tribunal, mostró que la niña tiene la lesión en el cerebro pero se encuentra totalmente asintomática, sin secuelas, cuando 21 meses después de haber recibido el balazo, (ahora con 12 años) Yaxury debía presentar discapacidad, según el pronóstico del neurocirujano", reseñó el diario Panorama con respecto al caso.

Lo cierto es que, luego de tres años de dicho milagro, José Gregorio Hernández está muy cerca de ser Beatificado.

http://www.diarioeltiempo.com.ve/noticias/conozca-el-milagro-que-llevo-al-doctor-jose-gregorio-hernandez-la-beatificacion

José Gregorio
Hernández Cisneros

La causa de la Beatificación del Dr. José Gregorio Hernández

En el año 1949, constatando su fama entre algunos creyentes, la Iglesia católica en Venezuela inició la causa de Beatificación y Canonización, conducido por el Arzobispo de Caracas, El Excelentísimo Monseñor Lucas Guillermo Castillo ante la Santa Sede. La Congregación para Las Causas de los Santos debía declarar oficialmente la autenticidad de un milagro, es decir, un hecho que, con toda certeza y sin explicación científica, demostrara que había una intervención divina.

Siervo de Dios

En el año 1972, la Santa Sede reconoce que José Gregorio Hernández vivió una vida virtuosa y ejemplar, por ello le concedió el primer título que la Iglesia católica da en el camino hacia la declaración de santidad que es Siervo de Dios.

Venerable

En 1986, el Papa san Juan Pablo II, lo decretó Venerable por haber vivido su compromiso cristiano y practicado las virtudes en grado de Heroico. Luego de iniciar el proceso, y completados los primeros casos, José Gregorio Hernández fue nombrado Venerable por el Papa Juan Pablo II el 16 de enero de 1986.

Estudio del presunto milagro

El 27 de abril de 2020 la Arquidiócesis de Caracas anunció que la Comisión de Teólogos de la Ciudad del Vaticano aprobó el milagro del Venerable doctor José Gregorio Hernández en la curación de Yaxury Solórzano Ortega una niña de 10 años de edad que recibió un tiro de rifle en la cabeza durante un asalto a su padre en fecha 10 de marzo de 2017.

Aprobación del milagro y ratificacion del Papa

En enero de 2019, se llevó el expediente con las pruebas médicas y teológicas del caso ocurrido en el 2017 en el estado Guárico con la niña Yaxury Solórzano Ortega, el cual se aceptó. La plenaria de cardenales y obispos le dieron el visto bueno, el Papa Francisco lo ratificó con su firma y se hizo el anuncio público el pasado 19 de junio del 2020.

Exhumación de sus restos y Beatificación

Una vez aprobado el tercer milagro atribuido al futuro Beato Doctor José Gregorio Hernández, se ponen en camino en Caracas los pasos hacia la ceremonia de la Beatificación. Uno de ellos es la **exhumación** de los restos mortales del Dr. Hernández, venerados en la Iglesia de Nuestra Señora de La Candelaria, la cual se realizó el 26 de octubre de 2020, precisamente día natalicio del gran José Gregorio. El objetivo es verificar la autenticidad de sus restos, y preparar las reliquias que serán dadas a la veneración de los fieles en los diversos templos católicos. La Beatificación es fruto de un largo proceso que luego de 70 años, finalmente muestra resultados.

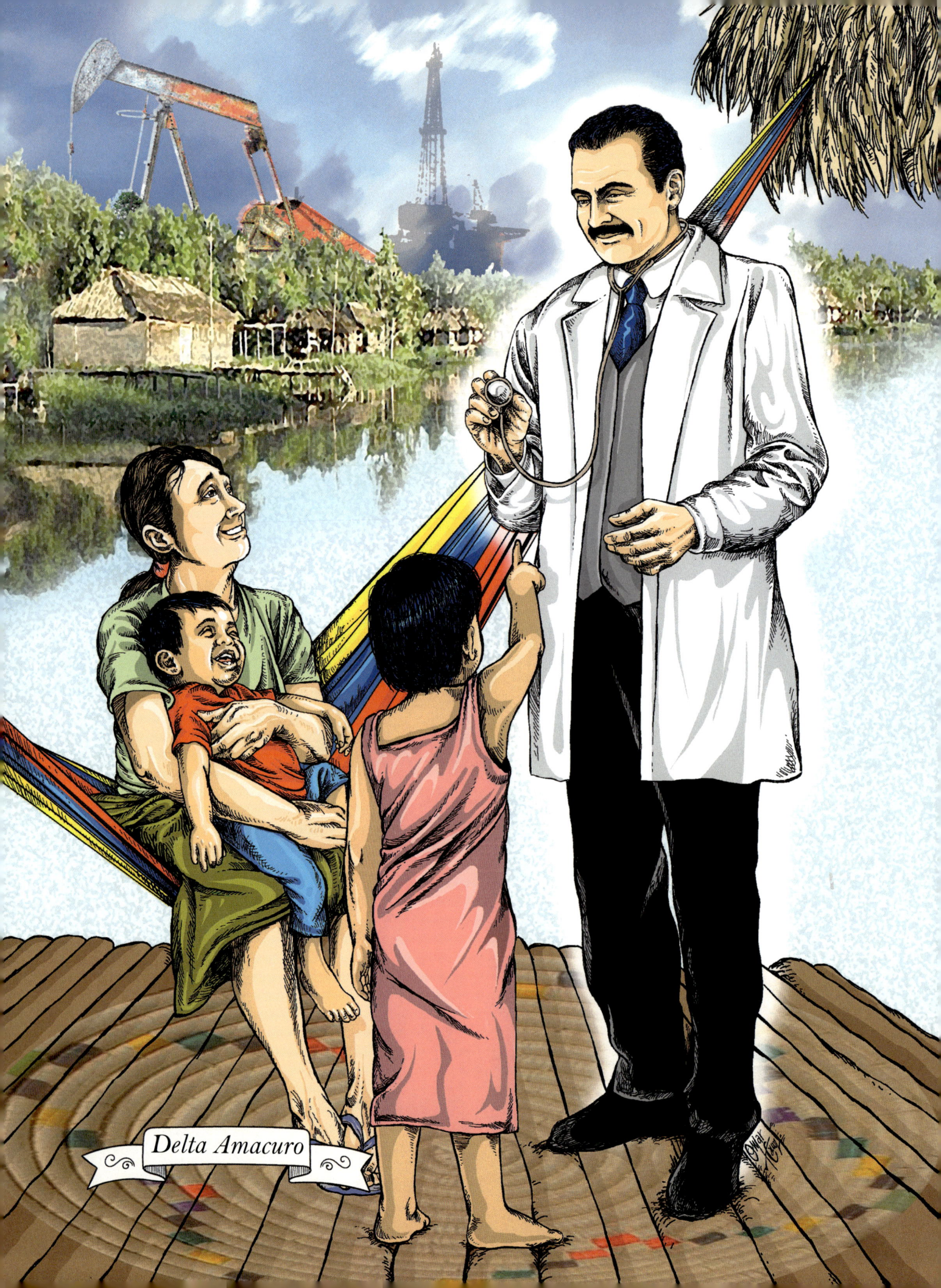

Lugares con el nombre de JGH, estados, ciudades

En Caracas, Venezuela hay dos hospitales que llevan su nombre:

- El Hospital Cardiológico José Gregorio Hernández, ubicado en la Parroquia de San José.
- El Hospital General José Gregorio Hernández situado en Los Magallanes de Catia.

- El Instituto de Medicina Experimental Dr. José Gregorio Hernández, en la Ciudad Universitaria
- de Caracas.
- La Unidad Urológica José Gregorio Hernández, situado en Guatire, Estado Miranda.
- El Hospital José Gregorio Hernández, situado en Puerto Ayacucho, Estado Amazonas.
- Centro Ambulatorio Dr José Gregorio Hernández, San Félix, Estado Bolívar.
- El Hospital José Gregorio Hernández, situado en Trujillo, Estado Trujillo.
- Universidad José Gregorio Hernández en Maracaibo, Estado Zulia.
- Hospital Materno Infantil Dr. José Gregorio Hernández «IVSS» ubicado en Acarigua, Estado Portuguesa.
- Unidad Educativa Dr. José Gregorio Hernández en Maracaibo, Estado Zulia.
- Unidad Educativa Nacional Doctor José Gregorio Hernández, situado en el Estado Miranda, Los Teques vía San Pedro.
- Unidad Educativa José Gregorio Hernández, situada en el Estado Lara, Barquisimeto Calle 30 entre Av. Venezuela y Carrera 30.
- Unidad Educativa Dr. José Gregorio Hernández situada en el estado Táchira, Mcpo Samuel Darío Maldonado parroquia Hernández.
- Comunidad José Gregorio Hernández, situada en Los Teques, Estado Miranda, Municipio Carrizal.
- Consultorio Médico Popular «Dr. José Gregorio Hernández», situado la localidad de La Mapora en la ciudad de San Carlos del Estado Cojedes.
- Centro Clínico de Cirugía "Dr. José Gregorio Hernández, C.A" Situado en Av. Bolívar, cruce con calle 24 Edificio 23-110, Piso 1. Oficina 03, Sector Los Limoncitos, Valera, Estado Trujillo.
- El gobierno venezolano adicionalmente creó la Misión José Gregorio Hernández para atender a personas con discapacidades.

En el Estado Carabobo, Venezuela:

- Hospital Pediátrico Dr. José Gregorio Hernández, situado en el municipio San Diego.
- Comunidad de José Gregorio Hernández (Valencia).

En la ciudad de Guanare, Estado Portuguesa:

- Clínica Dr. José Gregorio Hernández.
- Hospital de Clínicas Dr. José Gregorio Hernández.

José Gregorio
Hernández Cisneros

La sobrina directa de José Gregorio Hernández: "Chispa"

Josefina Hernández de Bluntzer, de 86 años de edad vive en la ciudad de Corpus Christi (Texas, EE.UU.). Su nombre de soltera es Josefina Hernández Espinal. Se le conoce como "Chispa". Josefina es hija de José Benigno Hernández Escalona (medio hermano de José Gregorio) y su esposa Anita Espinal. Es la única sobrina con vida del Dr. José Gregorio Hernández Cisneros.

"Mi padre, José Benigno, también tuvo una hermana monja, Magdalena de Jesús. Ellos eran los hermanos menores de José Gregorio" apunta Chispa. Don Benigno María Hernández Manzaneda, padre de nuestro santo José Gregorio, al enviudar de su esposa Josefa Antonia Cisneros y Mansilla, quien falleció la noche del 28 de agosto de 1872, continuó habitando su casa y negocio en Isnotú con sus 6 menores hijos".

"Ellos eran: José Gregorio (7 años), Maria Isolina del Carmen (6 años), María Sofía (5 años), Cesar Benigno (3 años), José Benjamín Benigno (2 años) y Josefa Antonia (4 días de nacida). Cuentan que José Gregorio desconsolado, después de enterrada su madre, acudía diariamente frente al cementerio de Isnotú y se sentaba a orar sobre unas inmensas rocas denominadas "Piedras Negras".

Chispa recordó que en 2018 el Vaticano designó a la jurista argentina Silvia Correale, experta en el Sistema de Derecho del Canónico, para impulsar la causa de su tío, el doctor José Gregorio Hernández. A partir de allí han ido ocurriendo presuntos milagros. Don Benigno Hernández, contrajo segundas nupcias con Maria Hercilia Escalona, en la iglesia de San Alejo en Boconó, Estado Trujillo, en fecha 16 de noviembre de 1876.

Don Benigno se la llevó a vivir a su casa en Isnotú, donde procrearon a: Maria Avelina (26-11-1877); Pedro Luis (23-12-1878); Angela Meri (1-3-1880); Sira Maria (27-2-1882); José Benigno (26-9-1884); Hercilia del Carmen (6-2-1887). José Benigno, es el hermano menor de simple conjunción de José Gregorio; al igual que su santo hermano, José Benigno también estudió medicina en la Universidad Central de Venezuela.

José Benigno se residenció en Maiquetía, contrajo matrimonio con Anita Espinal y procrearon una sola hija: Josefina o Chispa, esta bella mujer que hoy celebra con nosotros la Beatificación de su tío José Gregorio Hernández.

¿Qué representa el doctor José Gregorio Hernández para los hombres de hoy y qué podemos aprender de él en estos tiempos? Chispa: "…Específicamente, y sobre todo para los médicos, que sean médicos dedicados, que respeten y quieran a sus pacientes. Y para todo el mundo, la caridad. Él fue lo más caritativo que existe, con todos. Por eso murió, porque cuando iba a comprar un remedio que sabía que su paciente no tenía con qué (pagar), fue a la farmacia a comprárselo y es allí donde tuvo el accidente."

"José Gregorio era muy caritativo, todo un señor discreto, con buen juicio. Él era medico en el Hospital Vargas y cuando le daban el sueldo, pedía que se lo dieran en monedas y desde que salía hasta que llegaba a su casa, lo iba repartiendo; porque pasaba por donde había gente pidiendo limosna en esos tiempos y los enfermos necesitados afuera del Hospital. Y cuando llegaba a la casa, ya había dado todo, ayudando a la gente."

"También era muy, muy religioso, tanto así que José Gregorio trato de entrar a una orden de monjes, en una parte de Italia, que era (de clima) muy frío. Allí se enfermó terriblemente. El frío le pegó y no estaba acostumbrado, entonces el monje director le aconsejó: "Yo no creo que Dios quiere tenerlo aquí. Yo creo que Dios quizá quiere tenerlo en el mundo. Regrése a su país y busque que lo dirija un sacerdote, para que pueda hacer el bien del lado de afuera…"

José Gregorio Hernández Cisneros

Su personalidad y legado

José Gregorio era conocido como un profesor muy culto. Era políglota, hablaba español, francés, alemán, inglés, italiano, portugués, tenía buenas nociones de hebreo y dominaba el latín. Era músico, le gustaba cantar, tocaba el piano, el violín y el armonio. Era filósofo y se caracterizaba por la puntualidad en el cumplimiento de sus deberes profesorales.

José Gregorio formó una escuela de investigadores, quienes desempeñaron un papel en la medicina venezolana. Sus discípulos fueron, entre otros, el doctor Jesús Rafael Risquez, quien fue su sucesor en la cátedra de bacteriología y parasitología, y Rafael Rangel considerado como el fundador de la parasitología nacional.

En cuanto a sus creencias, José Gregorio era católico, condición que nunca entró en conflicto con su labor científica, como apunta el doctor Juan José Puigbó: "Su faceta religiosa con todo lo encomiable que sea considerada en el plano místico, no debe opacar el inmenso aporte que realizó a la ciencia médica venezolana".

José Gregorio era un gran bailarín, lo hacía con gozo, gracia y garbo; era socialmente activo en fiestas de la sociedad caraqueña y en fiestas familiares en el Isnotú de su juventud, le gustaba cantar; tenía gran talento musical, sobre todo para el piano; y es de destacar la claridad ética de su vocación de vida dedicada a Dios. Gustaba del jugo de guanábana.

En el aspecto amoroso, José Gregorio a los 15 años de edad tuvo un primer episodio en el que se ilusiona con la juvenil belleza de la hija de la familia Azpúrua en Caracas. Se presume que tanto su juventud y su timidez lo inhibe de confesarle sus sentimientos a la niña Azpúrua de 13 años.

"José Gregorio tiene ya 15 años, un rostro de ojos oscuros y expresivos, modales recogidos, aunque ríe con viveza cuando cuentan anécdotas divertidas. Al entrar al caserón de los Azpúrua, nota la elegancia en los muebles y el aroma inconfundible de su antigüedad. Pisa las alfombras con cuidado, admira los cuadros de estilo clásico. Responde con cuidado a lo que le preguntan, da muestras de su educación y de sus conocimientos."

A lo largo de 1912 José Gregorio publica en *El Cojo Ilustrado* tres hermosos cuentos: Visión del arte, donde hace confluir belleza, arte y divinidad; *En el vagón*, atravesado por la reflexión sobre determinismo y libertad; y *Los maitinis*, en homenaje a La Cartuja que representará para el escritor el centro de la sacralidad.

1912 es también el año que José Gregorio publica de su libro Elementos de filosofía, donde problematiza la relación entre ética y estética y donde pone en evidencia su conocimiento de momentos fundamentales de la filosofía en Occidente, de manera especial de la filosofía griega y de la filosofía cristiana de la Edad Media.

Rasgos físicos. José Gregorio, era de apariencia delgada, medía 1.60 de estatura, de piel blanca, tenía mirada clara y penetrante, sus ojos oscuros sabían mirar de frente e inspirar confianza. Su rostro era ovalado, nariz perfilada, con mirada acogedora y oportuna.

Falcón

José Gregorio Hernández Cisneros

Vida Personal. Gustos. Amistades. Romances

José Gregorio a su arribo a Caracas de Isnotú, se presume que se enamora platónicamente de una de las niñas de los Azpúrua por su aire de sport sofisticado de la Caracas de entonces. Se presume que tanto su juventud y su timidez lo inhibe de confesarle sus sentimientos a la hija de la familia Azpúrua, sus distinguidos anfitriones en Caracas. Como apunta Francisco Javier Duplá en su libro "Se llamaba José Gregorio Hernández".

"José Gregorio tiene ya 15 años, un rostro de ojos oscuros y expresivos, modales recogidos, aunque ríe con viveza cuando cuentan anécdotas divertidas. Al entrar al caserón de los Azpúrua de la mano de don Ramón Azpúrua, nota la elegancia en los muebles y el aroma inconfundible de su antigüedad. Pisa las alfombras con cuidado, admira los cuadros de estilo clásico. Responde con cuidado a lo que le preguntan, da muestras de su educación y de sus conocimientos."

"– Ahora le vamos a enseñar el jardín a este joven, que es nuestro orgullo. Usted podrá venir e instalarse en él cuantas veces quiera para estudiar y solazarse. El espectáculo del jardín deja a José Gregorio con la boca abierta. En un espacio enorme, cuyos límites no se ven, se yerguen grandes bucares, tamarindos y magnolios, que proporcionan una sensación de frescura, salpicados por rosales y gladiolos, que parecieran haber surgido espontáneamente."

"Un pequeño riachuelo corre entre los árboles y comunica vida y paz a aquel paraíso. Hacen servir café con pastas sobre unos veladores construidos bajo los árboles. De pronto aparece una niña preciosa, de ojos grandes y bucles de color castaño, que acarician con ritmo su hombro cuando camina. José Gregorio se queda sin poder articular palabra. – Jovencito, esta es mi sobrina María, que pasa más tiempo en mi casa que en la suya. Confío en que hagan los dos una buena amistad."

"En José Gregorio brota un amor adolescente, el primer amor de su vida, que nunca fue correspondido. La chiquilla tiene apenas 13 años y está más interesada en perseguir las ardillas del jardín y en recoger flores que en escuchar las historias de los Andes que brotan con entusiasmo de los labios de José Gregorio."

"María Gutiérrez Azpúrua llegó a ser una de las bellezas de la ciudad, asediada por muchos pretendientes. Cuando ella se casó, José Gregorio estaba lejos de Caracas, pero nunca pudo olvidarla. Con el correr de los años, un hijo de ella sería alumno del doctor Hernández en la facultad de Medicina."

Las muchachas lo miraban con mucha admiración aunque era casto, austero y disciplinado en ese sentido, José Gregorio tenía una mirada de santo. Pero por su propia imagen de músico, políglota, etc. las mujeres lo admiraban mucho.

José Gregorio, siendo un niño de 11 años, escribe un pequeño manuscrito, que somete a la aprobación por parte de la autoridad de la Iglesia, que en este momento era su eminencia el Monseñor Juan Ilario Bosset, Obispo de Mérida, quien no solo concedió su aprobación sino que también le concedió indulgencias.

Este manuscrito, trata de la manera cómo el católico debería cumplir con el precepto dominical. José Gregorio confeccionó su escrito de 25 páginas; lo escribió a mano y con hojas cortadas y cosidas por él mismo, y lo tituló: "Modo Breve y fácil para oír misa con devoción" su última página dice textualmente: "Pertenece a Gregorio Hernández. Libertad, 28 de julio de 1876". Según su sobrino Ernesto Hernández Briceño, José Gregorio lo conservó toda su vida.

Pero su condición de figura pública fue asociándose cada vez más a una notoria capacidad de curar a sus pacientes y a una manera muy especial de tratar a la gente. José Gregorio era un individuo que llegaba a la casa de una persona y además de examinarla, auscultarla, hacerle biopsias, tomar muestras para hacerles exámenes, se sentaba a la misma mesa del enfermo, arrimaba una silla, le escuchaba, le preguntaba cosas.

José Gregorio se preocupaba por cómo se sentía el paciente, por las condiciones en que vivía, le daba instrucciones para sanear la casa, indagaba sobre sus finanzas personales, sobre sus dificultades para obtener ingresos. Trataba también de reconfortar. Eso es lo que testimoniaban las personas desposeídas, la gente pobre a la que trataba. Carlos Ortíz, "JGH Cartas selectas". Los libros de El Nacional 2000. Colección Aries.

Cumplió con estricta justicia y con una asombrosa puntualidad sus estudios y las comisiones gubernamentales que le fueron encomendadas, el alto empleo de Catedrático de la Universidad Central y Director del Laboratorio de Fisiología. Con igual exactitud cumplía con sus obligaciones en el Hospital Vargas y con sus deberes como médico en la asistencia a los enfermos. Si alguna preferencia tuvo en su vida, fue precisamente por los desheredados de la fortuna. Su hora de una a tres menos cuarto, dedicada a los enfermos pobres, era siempre respetada por sobre todos los compromisos.

En aquellos momentos nada le podía distraer de aquel acto de justicia, por el que daba a los pobres lo que ellos justamente como hijos de Dios pedían: un poco de caridad y un poco de cariño. Le parecía más justicia, porque en cada pobre enfermo veía la imagen del Hijo de Dios llagado y pobre por nuestro amor. Solamente estas horas eran interrumpidas en casos de urgencia, para auxiliar a un moribundo.

http://juanvicentegomezpresidente.blogspot.com/2015/03/el-dr-jose-gregorio-hernandez-agradece.html?m=1

Guárico

José Gregorio
Hernández Cisneros

Fe y clamor popular que existe en Venezuela

"Definitivamente, José Gregtorio es el santo de los venezolanos, y además de una manera muy linda, porque representa lo bueno de los venezolanos. Las figuras y los símbolos de alguna manera también representan lo que nosotros somos, porque nos identificamos con ellas. Él es un laico, un profesional, es un hombre, y en términos de espiritualidad y bondad hay un nexo entre la espiritualidad etérea y la espiritualidad terrena. Logró la santidad por su trabajo, por su profesión, por su humildad. Él es el alma de los venezolanos" (Suárez y Bethencourt, p. 444).

Como lo destaca Rafael Arraiz Lucca, en José Gregorio Hernández, "...Tenemos un héroe en cada mano: el guerrero y el sanador; el hombre que conduce pueblos, y el que lo cura; el hombre expansivo y discursivo que conquista, y el silencioso que vence en el laboratorio... Los pueblos crean sus propios mitos, que fungen como modelos, y que expresan algo que vive en nosotros y es necesario verlo en un arquetipo ejemplar..."

"Hacer mención hoy al Santo José Gregorio Hernández, es hacer mención a la fe a través de las obras y el amor, porque la fe sin obras, como lo destaca Santiago 2:17, y sin amor, no tienen el poder de transformar ni cambiar espíritus; el amor sin obras no es verdadero, por ello la fe obrando por el amor, que ha sido la conducta de vida de JGH, es lo que hace posible el milagro y con él la esencia de la razón de ser del hombre sobre este mundo planetario. El pueblo venezolano que recibió y aún cree recibir los beneficios de su prodigioso apostolado, se ha adelantado con sabia osadía a considerarlo como el santo de su devoción. Vox populi, vox Dei." Ver: Antropo-Semiótica del rito: El culto a José Gregorio Hernández Angélica M. González C.* y José Enrique Finol**

https://www.redalyc.org/pdf/737/73726911010.pdf

El epitafio colocado sobre su tumba, a partir del texto ganador de un concurso convocado por el Gremio de Obreros y Artesanos, muestra el calado popular de su talla espiritual y humana: "Médico eminente y cristiano ejemplar. Por su ciencia fue sabio y por su virtud justo. Su muerte asumió las proporciones de una desgracia nacional." "Se Llamaba José Gregorio Hernández", Francisco Javier Duplá, S.J. Axel Capriles M. Caracas, Venezuela, 2018.

https://www.cpalsocial.org/documentos/se-llamaba-jose-gregorio-hernandez.pdf

José Gregorio Hernández Cisneros

Anécdotas de José Gregorio Hernández

Dedicación al estudio y puntualidad en sus estudios en la Universidad Central de Venezuela.

En el año 1882, ingresa José Gregorio a la Universidad Central para cursar estudios de Ciencias médicas, con gran entusiasmo y firme propósito de cumplir la palabra empeñada con su padre:

"Le prometo papá que seré médico".

Así, pues, cursa con regularidad, todas y cada una de las asignaturas, distinguiéndose por su esmerada dedicación al estudio y por su puntualidad en la asistencia, que ni las inclemencias del tiempo logró obstaculizar nunca.

Durante sus dos primeros años en la Universidad Central de Venezuela, continuó viviendo en el Colegio Villegas, donde para ayudarse trabajaba como inspector. Hacia 1884 su padre mandó a dos de sus hermanos, César y Benjamín, a estudiar comercio.

Por ello se mudó del Colegio Villegas y los tres hermanos pasaron a vivir juntos en la casa número 3 de las esquinas de Madrices a Ibarra propiedad de los esposos Puyol-Patri.

Destacando su gusto por la música, José Gregorio se compró un armonio y recibió clases de piano. En casa de su compañero Santos Aníbal Dominici compartían grandes tenidas de piano.

La situación económica apretó en muchas oportunidades por lo que junto con sus estudios de medicina se vio en la necesidad de dar clases particulares para ayudarse a sí mismo y a sus hermanos.

Llegó hasta aprender de un amigo sastre a hacer ropa masculina y se hizo sus propios trajes.

Los textos de la facultad de medicina le parecieron insuficientes y atrasados y pidió a Francia las obras más completas y recientes en materia médica.

Su interés intelectual no era sólo la ciencia sino todo aquello que fuera interesante estuviera en español, inglés o francés.

Así leía y estudiaba con avidez libros de poesía, arte, literatura, filosofía, historia... conocimientos que le fueron siempre muy útiles en su vida profesional.

Sus compañeros reconocían sus virtudes de íntegra honestidad, espíritu de mortificación, de servicio y rectitud de conciencia. Su vida era un ejemplo para sus compañeros universitarios.

Estaba convencido de que: "En el hombre el deber ser es la razón del derecho, de manera que el hombre tiene deberes, antes que tener derechos".

Siempre que no interrumpiera sus estudios, José Gregorio asistía a las retretas de los domingos en la tarde en la Plaza Bolívar.

Con sus amigos compartía pasatiempos. Le gustaba reunirlos, tocar piano y cantar.

Tenía veintitrés años cuando culminó, brillantemente, sus estudios universitarios. Presentó su examen de grado, que fue memorable pues no fue examinado, sino orador a voluntad en cada una de las preguntas que se le formulaban.

El 29 de Junio de 1888 obtuvo el título de Doctor en Medicina con la calificación de "sobresaliente" en medio del reconocimiento y cariño de sus profesores, compañeros y amigos. Su amigo Santos Dominici se lo celebró con una fiesta bailable llena de alegría.

La fortaleza de la fe para vencer los retos en tiempos universitarios

Para José Gregorio, a nivel personal la universidad representó un tiempo de grandes retos. En los primeros días en la universidad, tuvo que soportar burlas por su forma de ser. Era el tiempo en que los estudiantes, por su moda intelectual, influenciados por el enciclopedismo francés, se rebelaban contra la religión en nombre de la ciencia, se hacían libertinos en sus costumbres y descreídos en las ideas religiosas considerándolas como un atraso en los pueblos modernos y civilizados.

Sólo la recia educación en valores y virtudes cristianas que había recibido y profundizado José Gregorio, lo ayudaron a perseverar en sus principios. Su cercanía a la misa y la comunión frecuente le ayudaban a alcanzar la paz y tranquilidad.

Más tarde sus compañeros llegaron a respetarlo y no se atrevían a burlarse de él, ni a pronunciar palabras indebidas frente a él. Su personalidad y firmeza le hizo obtener las más altas calificaciones e hizo que todos aplaudieran sus progresos.

A mediados del tercer año de medicina, José Gregorio cayó gravemente enfermo producto de fiebre tifoidea. Eso

Continúa...

Mérida

Continuación

Anécdotas de José Gregorio Hernández

lo mantuvo alrededor de un mes en cama. En algunos momentos se temió por su vida. Su tiempo enfermo lo soportó con la mayor serenidad y humildad. Nunca se quejó de las molestias ni de los tratamientos médicos.

Como conocía al Padre Juan Bautista Castro, lo mandó a llamar para que lo atendiera espiritualmente. Al ver su estado, el Padre Castro le sugirió imponerle el Sacramento de la Unción de los enfermos. José Gregorio aceptó pues decía que deseaba en todo momento la voluntad de Dios.

Aprendió de su enfermedad y convalecencia lo importante de tener gente querida alrededor cuando uno se siente mal, aprendió a ver el sufrimiento con nuevos ojos de fe, a descubrir que el alma tiene capacidad para elevarse por encima de lo material y del dolor.

Comprobó que hay una existencia del alma más allá de la muerte, que permite tener esperanza en un futuro mejor cuando, después de morir, resucitemos a la vida plena en Cristo, siempre y cuando hayamos cumplido con la misión encomendada por Dios aquí en la tierra.

Por eso fue capaz de escribir: *"Las enfermedades son la verdadera prueba, en la cual se demuestra claramente nuestra nada…y ahora me entrego con más resignación a la voluntad de Dios".*

Al ser dado de alta se sentía con mayores bríos y alentado por tantas personas que cuidaron de él, se puso al día en sus estudios con mucha dedicación y puntualidad. No solo volvió a su vida de estudiante, sino también a la de los amigos y de la alegría como forma de descansar y recuperar las energías para seguir cumpliendo con sus responsabilidades.

En sus años de universitario José Gregorio fortaleció su carácter cristiano devoto con una gran disciplina interior, combinada con una caridad para con los demás cada vez mayor.

Su primer mes y medio como médico en Caracas

En 1888, recién graduado de médico José Gregorio Hernández, el Dr. Dominici ofreció ayudarlo económicamente para montar un consultorio en Caracas, noble gesto que José Gregorio agradeció con estas palabras:

" – ¡Cómo le agradezco su gesto, Dr. Dominici! Pero debo decirle que mi puesto no está aquí. Debo marcharme a mi pueblo. En Isnotú no hay médicos y mi puesto está allí, allí donde un día mi propia madre me pidió que volviera para que aliviara los dolores de las gentes humildes de nuestra tierra. Ahora que soy médico, me doy cuenta que mi puesto está allí entre los míos…".

Hasta que logró el viaje a Isnotú, trabajó en Caracas.

Su amigo Juan de Dios Villegas se había mudado a La Pastora; en su misma casa consiguió una habitación instaló su consultorio provisional. Su fama se iba extendiendo por todas partes y su clientela iba aumentando. Aquella habitación era de todo: dormitorio, consultorio médico, sastrería también mucha gente venía en busca de consejos.

No estaba ni había estado nunca sobrado de dinero. Apenas podía atender a sus necesidades más apremiantes.

Sus ropas eran pulcras y limpias pero mostraban la pobreza de su dueño.

En la habitación había un piano que doña Matilde había colocado allí, al saber que José Gregorio lo tocaba. Con él muchos momentos muy agradables le proporcionó este músico.

Su caridad no tenía límites; a la hora de servir, servía y entregaba todo, hasta lo indispensable para sus necesidades básicas.

Ejemplo de ello fue un sorpresivo descubrimiento que, en su afán de investigación hiciera doña Matilde, quien lo atendía diligentemente.

Ella se intrigaba por la solicitud de José Gregorio de que la comida le fuera llevada en una bandeja a la habitación; la bandeja regresaba vacía, cosa que era considerada como resultado de su buen apetito, pero no conforme con ello, doña Matilde lo observó salir de su habitación con un paquete en la mano; lo siguió detrás, a cierta distancia, y observó que el médico se internaba por un callejón de La Pastora hasta llegar a un lugar donde numerosos mendigos de la zona se reunían, él les entregaba la comida y pedía excusas por la tardanza en llegar. Doña Matilde llegó hasta donde estaban y, tomando a José Gregorio por el brazo, lo llevó a la casa para volver a servirle, a lo que José Gregorio respondió:

"Ya usted me sirvió mi almuerzo"; pero como doña Matilde insistiera, él le decía:

"Hoy usted ha servido al Señor, porque ha dado de comer a mis pobres."

Miranda

José Gregorio Hernández Cisneros

Anécdotas de José Gregorio como médico rural

Cuando José Gregorio parte para Isnotú en agosto de 1888, su hermana Isolina comentaba muy contenta que su papá le había dicho que José Gregorio regresaba y que estaba arreglando la casa para el día de su llegada.

En la Venezuela del año 1888 no existían vías de comunicación terrestre como las que conocemos hoy, por tal motivo para poder trasladarse a los centros más poblados del país, era necesario hacerlo por vía marítima. Las personas que vivían en Caracas se embarcaban en el puerto de La Guaira y tomaban el vapor que se dirigía a Maracaibo o Cumaná.

El itinerario marítimo de José Gregorio fue el siguiente: La Guaira-Puerto Cabello-Curazao y Maracaibo; luego a La Ceiba y de allí a Isnotú a lomo de mula. Este viaje se efectuaba en varios días, pernoctando y haciendo un turismo -obligado- en estos lugares.

De este viaje y de su estadía en los Andes quedaron varias cartas que dirigió a su amigo Santos Dominici que nos permiten conocer sus experiencias en esa época.

Desde Betijoque el 18 de Setiembre de 1888 le escribe a su amigo Santos A Dominici en Caracas:

"...Mis enfermos todos se me han puestos buenos, aunque es tan difícil curar a la gente de aquí, porque hay que luchar con las preocupaciones ... que tienen arraigadas: creen ... en los remedios que se hacen diciendo palabras misteriosas: en suma;... La clínica es muy pobre: todo el mundo padece de disentería y de asma, quedando uno que otro enfermo con tuberculosis o reumatismo...La botica es pésima; ..."

Piensa que quizá el lugar adecuado para establecerse es Boconó, pueblo donde hay más gente y los médicos que están allí son muy viejos y no actualizados.

Siempre estaba interesado en recibir el periódico de Francia, al cual se había suscrito, con el interés de estar al día en todos los adelantos clínicos y terapéuticos.

Aunque dedicado al ejercicio profesional, siempre se preocupaba por todo aquello que sucediera en la Universidad, así como los proyectos asistenciales. Le interesaban mucho los nombramientos universitarios, en especial si el Presidente Rojas había dejado en el Rectorado de la Universidad al Dr. Dominici, si se tramitaba la construcción de un hospital para Caracas, etc.

José Gregorio, recorría las poblaciones y ciudades con el fin de establecer un centro para el ejercicio permanente de su profesión.

Continúa...

Monagas

Continuación

Anécdotas de José Gregorio como médico rural

Regresaba de San Cristóbal y Mérida para consultar sus propósitos con su padre, y ¡cuál sería su sorpresa! al encontrar una carta de su maestro Dr. Calixto González, en la que le informaba que el Presidente de la República Dr. Rojas Paúl lo había elegido para ir a Francia a estudiar materias experimentales y así contribuir a la modernización de la medicina venezolana. Este hecho cambió totalmente el rumbo de la vida del joven Doctor.

Una gran oportunidad para un gran talento.

Dicen que no existe la suerte, sino que hay que estar preparado para que cuando las oportunidades se presenten uno pueda aprovecharlas.

José Gregorio tenía 23 años y había partido para los Andes a buscar un lugar apropiado para establecerse y ejercer la medicina. Mientras en Caracas el Presidente Dr. Rojas Paúl da el primer paso para la modernización de la medicina, con el decreto creador del gran hospital Vargas de Caracas, similar al Hospital Lariboissiere de París, decreto publicado el 16 de Agosto de 1888, con dotación para más de mil camas.

El Presidente Dr. Rojas Paúl movido por el deseo de promover el progreso científico del país resolvió:

"Por cuenta del gobierno nacional, se trasladará a Paris un jóven médico venezolano, graduado de Doctor en la Universidad Central, de buena conducta y aptitudes reconocidas, con el fin de que curse allí, teórica y prácticamente las siguientes especialidades: Microscopía, Bacteriología, Histología Normal y Patológica y Fisiología Experimental..."

Este decreto, fechado el 31 de julio de 1889, asignaba una pensión mensual y añadía que el médico debería mantener comunicaciones periódicas con el Ministerio y con la Facultad. Al terminar los estudios debía acreditarlos e importar por cuenta del Ejecutivo Nacional los elementos necesarios para la creación en el hospital Vargas de un gabinete fisiológico; quedaría también con la obligación de enseñar en la Universidad Central de Venezuela las materias señaladas.

Un día cuando José Gregorio regresaba de San Cristóbal y Mérida se encontró con una carta de su maestro, el Dr. Calixto González, donde decía que lo había recomendado al Presidente para que fuera a París a estudiar con perfección ciertas materias experimentales, porque creía que reunía las condiciones para tan importante misión, y que salvo tener inconveniente, debía trasladarse a Caracas sin pérdida de tiempo y dispuesto a seguir viaje a Europa.

José Gregorio meditó muy bien la propuesta, la aceptó con fe y optimismo, y se trasladó a Caracas dispuesto a enfrentar el importante reto que significaba la misión que se le iba a confiar.

Desde los primeros días de noviembre de 1889 en París comienza sus trabajos en el laboratorio de Histología del eminente profesor Mathias Duval, quien lo certifica diciendo además:

"Es para mí un deber y un placer agregar que él se ocupa en el estudio de la Histología con actividad y gran éxito, y no dudo que un día yo estaré muy orgulloso de tenerlo como discípulo en mi laboratorio."

https://web.archive.org/web/20141023052046/
http://causajosegregorio.org.ve/juventud/

Nueva Esparta

José Gregorio
Hernández Cisneros

Un día en la casa de los Hernández Cisneros

De la primera etapa y el primer período podemos conocer lo que nos narra el Ing. Carballo que titulamos:

Un día en casa de los Hernández Cisneros:

"No nos es difícil imaginar cómo transcurría la vida de la familia Hernández en el pequeño caserío de Isnotú:

El canto del gallo anuncia la aurora. El azul recién nacido del cielo, se tiñe de rosa. Se oye el murmullo de las aguas crecidas de la quebrada.

Alguien toca una campana y se reza el Ángelus del amanecer.

La casa de la calle del Rosario, la de los Hernández, despierta de su sueño. Josefa Antonia invita a rezar, a darle gracias a Dios por la bendición del sueño y a ofrecer las obras del día que se inicia:

¡Oh, Jesús mío, por medio del Corazón Inmaculado de María yo te ofrezco en este día…

¡Oh Señora mía y madre mía, yo me ofrezco del todo a Vos…

Así va, del uno al otro, enseñando a cada uno de sus hijos a ofrecer su vida al Señor. Sembrando en el corazón de cada uno de ellos el amor a Dios y la virtud de la piedad.

En el patio de atrás el rítmico tun-tun..tun-tun…tun-tun…, nos dice que alguien esta pilando maíz, que muy pronto las arepas estarán sobre el budare y que falta muy poco para que, vayan a la mesa donde las esperan el café con leche, la carne mechada, las negritas… y la muchachada.

La calle y el patio se confunden en perfecta armonía de carreras y risas, de juegos y pleitos infantiles. Los arrieros descargan los plátanos o el maíz, mientras los niños del pueblo, todos ellos, incluyendo a José Gregorio, celebran la diaria novedad de su llegada.

Buena ocasión para encontrarse y poner a bailar los trompos, o a volar el rojo, verde o amarillo de los papagayos sobre el azul intenso de los cielos. El coloreado vidrio de la metra va girando y girando a sacar a otra de ellas del círculo tatuado en el polvo por el dedo regordete de los jugadores.

Los burros rebuznan y ensucian la calle. El caporal entra, sombrero en mano, a saludar a Don Benigno y a arreglar cuentas con él. Pesos macuquinos y morocotas dejan oír su voz sobre el mostrador, mientras los arrieros descargan sacos de café y fardos de panela en el almacén.

-¿Cómo está, Don Benigno?

-Buenos días, Miguel; ¿cómo está su familia? Me dicen que Petra está enferma. Salúdamela y dile que iré a verla con Josefa Antonia.

José Gregorio, que ha terminado una partida de metras, o recogiendo el papagayo, observa y aprende. Aprende a tratar a la gente; a querer a la gente. Caporales y arrieros lo saludan:

-¿Cómo está niño?

-Buenos días Pedro; ¿cómo está su familia?

La casa se llena con la presencia de Josefa Antonia y María Luisa. Se "repasa" la ropa, se lava y se plancha; los anafes llenan de humo la casa y los fogones la llenan del sabroso olor del esperado almuerzo.

En la escuela de este hogar se aprende a rezar y a trabajar.

Todos lo hacen. Unos recogen los huevos en el gallinero; otros van de compras a la pulpería; otros reciben los frutos del guayabo, del mango, o del guanábano. Las niñas barren el enladrillado de los corredores y la tierra pisada de los patios.

-A comer .¡el almuerzo está servido! Benigno, apúrate que se enfría el mondongo.

Todos corren a la mesa. Don Benigno la preside bendiciendo los alimentos y a quienes los prepararon. Termina la bendición con la oración Jesús nos enseñó:

Padre Nuestro que estás en los cielos… Amén.

-¡A comer!

Luego viene la siesta. Esa bendita costumbre. Esa maravillosa costumbre que nos permite reponer las fuerzas y relajar los nervios. Costumbre en que se encuentran en amoroso connubio la pereza andaluza y la mansedumbre de la América nuestra.

Enjalmadas mulas y jumentos, la recua se aleja por la calle polvorienta. Los gritos arrieros y el rebuzno de los burros se diluyen en las aguas del Vichú.

Continúa…

Portuguesa

Continuación

Un día en la casa de los Hernández Cisneros

La tarde siempre es más tranquila. José Gregorio, el mayor de los hijos, estudia, saca cuentas, escribe planas. La tía María Luisa revisa la ortografía, corrige; repasa las tablas: suma, resta, multiplica. Consulta la división con Don Benigno, que éste aprueba.

El catecismo y la vida de algún santo quedan para después del ángelus; para el anochecer, aprovechando los últimos rayos del sol, cuando el silencio y la penumbra favorecen la meditación y la comunicación con la Divinidad.

El cielo se tiñe de rosa. Una suave brisa se levanta y lleva a todo el pueblo al recogimiento y en medio de eso las noticias del anuncio del Ángel, de la entrega de María y de la Encarnación del Señor.

Ha llegado la noche. Después de comer, Don Benigno lee a la luz de una vela, quizás en voz alta, mientras los demás escuchan.

La paz del cielo estrellado alcanza a todo el mundo. La luz de la luna desplaza amorosamente a las estrellas. No hay lucha. Esta se diluye lenta y pacíficamente en aquella".

El padre Gema nos refiere en su libro publicado en 1953 sobre la biografía del doctor Hernández lo siguiente:

"Francisco José Alvarado, un simpático viejecito que pasa de los cien años, ciego, pero todavía alegre y decidor, nos cuenta que fue sirviente en su juventud, en la casa de Benigno Hernández.

Recuerda que José Gregorio era algo revoltoso y muy avispado, pero siempre obediente y sumiso, y sobre todo muy piadoso. Su obsesión de niño era conocer Caracas.

Magdalena Mogollón, una anciana siempre sonriente que ya ha perdido la cuenta de los años que tiene, nos cuenta, entre sus recuerdos que, como hermano mayor entre los varones, se había constituido en algo así como el protector de ellos.

Él les hacia los jugueticos que consistían en gorros para desfiles marciales que llenaban la casa de alboroto, y muñecas de trapo con las que jugaban sus hermanitas.

Él se contentaba con encender la chispa -así nos dice- y luego se retiraba como un hombre consciente de su deber, a su cuarto, a leer y escribir, porque *"él quería ir a Caracas, y ser un gran sabio, como su papá…"*

"Si en el mundo hay buenos y malos, los malos lo son porque ellos mismos se han hecho malos: pero los buenos no lo son sino con la ayuda de Dios."
27 Mayo de 1914 José Gregorio Hernández

https://web.archive.org/web/20141023063132/http://causajosegregorio.org.ve/infancia/

Ya adulto en 1912, con 48 años, publica su libro. "Elementos de filosofía". José Gregorio dijo: *"-Más si alguno opina que esta serenidad, que esta paz interior que disfruto, a pesar de todo, antes que a la filosofía, la debo a la religión santa que recibí de mis padres, en la cual he vivido, y en la cual tengo la dulce y firme esperanza de morir; le contestaré que todo es uno".*

Mons. Navarro decía que: "el Dr. Hernández aspiraba a una santidad eminente por el cultivo exquisito de su interior, y los ejercicios más austeros de la perfección cristiana".

https://web.archive.org/web/20141023062120/http://causajosegregorio.org.ve/religiosa/

Sucre

**José Gregorio
Hernández Cisneros**

Relación de José Gregorio con el General Juan Vicente Gómez

José Gregorio Hernández se comunica por carta con el General Juan Vicente Gómez, Presidente de Venezuela, a raíz de regreso de su retiro espiritual en La Cartuja a la ciudad de Caracas el 27 de abril de 1909. Según el Diario La Religión, a continuación el texto de esa misiva:

"Con el alma presa de la más viva emoción, me dirijo hoy a la distinguida sociedad de Caracas para manifestarle la profunda gratitud que siento por las demostraciones de simpatía y afecto que de ella he recibido, tanto a mi ida a La Cartuja, como a mi vuelta a esta Ciudad. En particular quiero publicar mi agradecimiento para con el Sr. General Juan Vicente Gómez, Presidente de la República, por las benévolas frases de bienvenida que se sirvió dirigirme; para con el Ilustrísimo Sr. Arzobispo de Caracas y Venezuela, por su afectuosa dignación en recibirme en el Seminario Metropolitano; para con el Sr. Presbítero Dr. Nicolás Navarro, Rector de ese Instituto, por la exquisita bondad con que ha querido tomarse el trabajo de iniciarme en los arcanos del ministerio sacerdotal; y para con la ilustrada prensa de la Capital y del resto de la República por los honrosos conceptos que ha tenido para conmigo.

En atención a las reglas canónicas que prohíben el ejercicio de la medicina a los que abrazan el estado eclesiástico, debo apartarme en absoluto de dicha profesión, para obedecer en todo a las prescripciones de la Santa Madre Iglesia, y doy las gracias de todo corazón a aquellas personas que quisieron honrarme con su confianza al elegirme para su médico en los tiempos pasados".

**Dr. José Gregorio Hernández
Caracas, 27 de abril de 1909.**

Cuatro años mas tarde, José Gregorio se vuelve a comunicar por carta con el General Gómez para solicitar su ayuda en la cración de un centro de bacteriología y parasitología en Caracas, el 19 de septiembre de 1912. He aquí el texto de esa misiva:

Caracas, 19 de septiembre de 1912.
Señor General, Juan Vicente Gómez,
Presidente de la República.

Mi respetado General:

Me tomo la libertad de molestar hoy su atención para proponerle la creación de un instituto de Bacteriología y Parasitología.

Esta es una obra que abrirá una era de progreso en los estudios médicos entre nosotros; que permitirá hacer el estudio completo de nuestras enfermedades tropicales, y que, por consiguiente, será también de grandísima utilidad para el conocimiento de la República.

En todas las capitales sudamericanas hay este instituto: solamente Caracas carece de él; mas, por ser esta obra indispensable en todo país civilizado tarde o temprano habrá que fundarlo aquí también, y de ninguna manera debemos permitir que otro Gobierno posterior le quite a usted, señor General, la purísima gloria de haber sido el fundador del primer Instituto Bacteriológico y Parasitológico de nuestro país.

**Con sentimientos de alta consideración y respeto me suscribo, señor General.
De U. Atento S.S. y amigo,
José Gregorio Hernández**

En cierta ocasión, estando el Dr. José Gregorio Hernández ausente de Caracas, enfermó de gravedad el General "Juancho" Gómez, hermano del Presidente, Gobernador de Caracas y Vicepresidente de la Nación. Todos los médicos más afamados fueron desfilando por su habitación, sin acertar con su enfermedad. Su hermano, el Presidente de la República Juan Vicente Gómez, fue a visitarlo y con su acostumbrada calma, dijo: "-Se muere "Juancho", ¿por qué el Dr. Hernández no lo ha visto?"

Cuando sus edecanes le informan al General Gómez que el Dr. José Gregorio Hernández estaba en ese momento fuera, éste les ordena con urgencia ubicarlo y traerlo de inmediato para examinar al enfermo que agoniza. Con la ayuda de uno de sus más cercanos colaboradores, el General don Antonio Pimentel logra encontrar al Dr. José Gregorio al mediodía, en su consultorio, en medio de una de sus cotidianas tareas atendiendo a pacientes de escasos recursos.

Continúa...

Táchira

Continuación

Relación de José Gregorio con el General Juan Vicente Gómez

Con cierto aire de urgencia el General Pimentel le dice a José Gregorio: "Doctor, el general lo necesita". Consultando su reloj, José Gregorio le contesta: "-Lo siento, pero ahora no puedo. A las tres menos cuarto termino. No puedo dejar mi consulta de los pobres." El General Pimentel recorrió la vista por la sala de espera del consultorio, llena de viejecitas rugosas y pobres enfermos. Era algo pintoresco como para contárselo al General Gómez.

"Es que es algo urgente, doctor" le insiste el General. José Gregorio hace una pausa y le pide explicaciones: "-Pués, ¿qué es lo que pasa?". -"Juancho" Gómez, que se está muriendo..."A lo que José Gregorio le responde: "-Ah, eso ya es otra cosa." No fue necesario más. Había que salvar una vida. Lo mismo que si se estuviera muriendo el pobre más menesteroso de la ciudad, el Dr. Hernández tomó su hongo de la percha y salió.

José Gregorio pidió con humildad excusas a las personas que estaban esperando, pues iba a ver un momento a un enfermo grave. Todos lo sabían. A la fuerza, por la urgencia, lo introdujo el General en su automóvil y a los pocos minutos ante la maravilla de todos, José Gregorio estaba de vuelta a su consulta de pobres.

Había visto al General Juancho Gómez, lo reconoció y le recetó algo tan sencillo, que todos quedaron maravillados. Pero al poco tiempo, efectivamente el General "Juancho" Gómez salía de su gravedad, y a los pocos días ya estaba bueno y salvo. Todos dijeron que había sido una resurrección. Y él contestaba al General Gómez: "-Solo Dios resucita, mi General."

El General Gómez llamó a Pimentel y le mandó a pagarle los honorarios extraordinarios al Dr. José Gregorio por haber curado de la enfermedad a "Juancho" su hermano, los que él pidiera, pero el Dr. Hernández le dijo a Pimentel: "-Mis visitas las cobro solamente a cinco bolívares, mi General. "-¿Cómo?" le rispostó éste incrédulo. "-Sí. Tres visitas, quince bolívares." le apuntó José Gregorio. Pimentel no se podía explicar la conducta de aquel hombre que sabía que en sus manos estaría el dinero que él quisiera. Y quiso darle más.

El General Pimentel sacó un billete de veinte bolívares y se lo entregó al Doctor. José Gregorio, quien tranquilamente, le devolvió un cachete de plata, como se le decía popularmente a la cantidad de cinco bolívares y se despidió de él afectuosamente, lo mismo que si se despidiera de uno de sus pacientes pobres de la consulta. Comentando este incidente, decía después Pimentel: "-Siempre he querido mucho al Dr. Hernández, pero es la única vez que me ha dado rabia contra él."

Los siguientes telegramas registran textualmente el momento en el que al General Presidente Juan Vicente Gómez se le informa sobre la triste noticia del trágico fallecimiento del Dr. José Gregorio Hernández en Caracas, en un mensaje escrito por su Ministro de Instrucción Pública, el Señor Doctor R. González Rincones y la respuesta del mandatario.

Caracas: 30 de junio de 1919.
Señor General Juan Vicente Gómez,
Comandante en Jefe del Ejército Nacional y Presidente Electo de la República.
Maracay.

Ya está usted en cuenta de la dolorosa desgracia. A usted, que siente con el pueblo de Venezuela tan profunda pena por haber sido el doctor José Gregorio Hernández un ejemplo eximio de virtudes ciudadanas, presento mi pésame cordial.

Su amigo,
R. González Rincones.
Ministro de Instrucción Pública.
De Maracay a Caracas, el 30 de junio de 1919.
–Las 5 hs. 30 ms. p.m.
Señor doctor R. González Rincones.
Ministro de Instrucción Pública.

Recibido. He lamentado mucho la muerte del eminente médico José Gregorio Hernández y aprecio su condolencia por esta desgracia nacional.

Su amigo,
Juan Vicente Gómez.

Firma rúbrica del General J.V. Gómez

http://juanvicentegomezpresidente.blogspot.com/2015/03/el-dr-jose-gregorio-hernandez-agradece.html?m=1

Trujillo

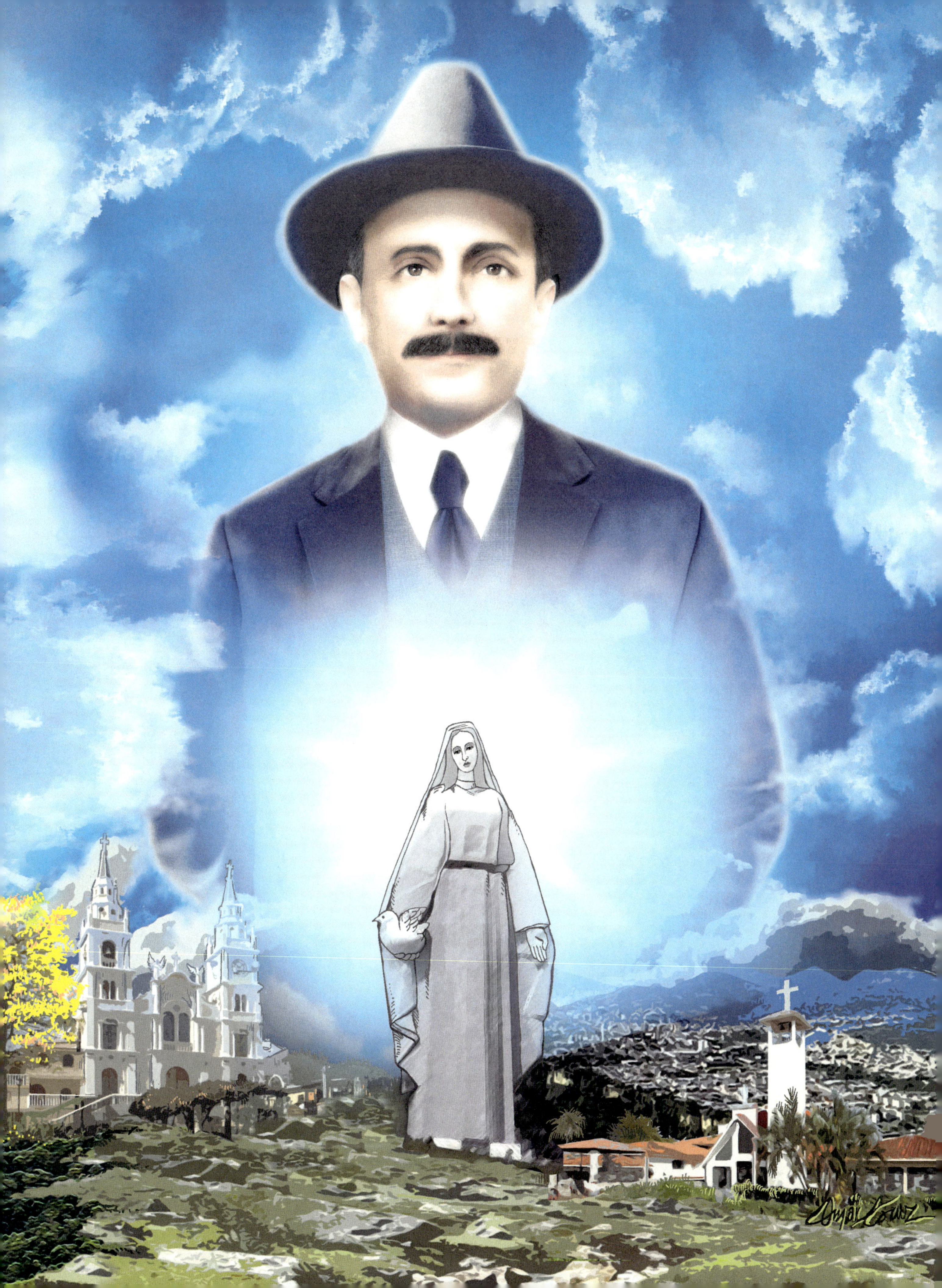

José Gregorio
Hernández Cisneros

Testimonio de Florencio Gómez Núñez, hijo del General Juan Vicente Gómez

"El Dr. José Gregorio Hernández fue médico de papá, el General Juan Vicente Gómez, de mamá, Dolores Amelia Núñez de Cáceres y de todos nosotros, sus hijos. Por cierto, a mí me dio uno de los últimos casos de fiebre amarilla, llamada "vómito negro" de las peores que hubo aquí en Venezuela, en el año 1910. Tenía dos años de edad y José Gregorio me trató y me curó la fiebre amarilla.

El Dr. Hernández siempre tuvo relaciones muy cordiales con mi papá (el General Gómez). Conversaba mucho con él y le consultaba el tratamiento a seguir, no tanto de sus enfermedades, porque papá para aquella época no enfermaba mucho, pero sí de las enfermedades de todos nosotros, sus hijos. Papá estimaba muchísimo al Dr. Hernández.

En mi época, al Dr. José Gregorio Hernández, la gente lo veía como un médico excepcional. Siempre ayudaba a las personas que no tenían recursos para comprar las medicinas, la gente pobre del pueblo. El Dr. Hernández iba a la farmacia, él mismo compraba las medicinas y se las regalaba al enfermo, y a la gente pudiente, le cobraba 5 o 10 bolívares por la visita. Era un hombre lleno de atenciones con todo el mundo y llevaba una vida religiosa de Santo que posterior a su muerte ha generado una veneración y adoración.

Mamá tenía una foto original del Dr. José Gregorio Hernández, enmarcada, colgada en la pared de su cuarto. Yo todavía la conservo, hecha por un artesano andino de apellido Salas pariente de José Gregorio. Ella apreciaba muchísimo al Dr. Hernández, a tal punto, que estando en Maracay cuando se enteró de su muerte, se dirigió inmediatamente a Caracas para estar presente antes de su entierro, ya que en esa época las mujeres acudían al funeral, pero no asistían al entierro del difunto. Los hombres eran los que sí participaban".

(Entrevista realizada por sus nietos, los hermanos Dupouy Gómez en 1993).

http://juanvicentegomezpresidente.blogspot.com/2015/03/el-dr-jose-gregorio-hernandez-agradece.html?m=1

**José Gregorio
Hernández Cisneros**

José Gregorio Hernández y su relación con los Presidentes de Venezuela

José Gregorio Hernández fue médico de siete Presidentes de la República de Venezuela y de sus respectivos familares pero nunca se lucró ni hizo uso de su notable influencia con esta intimidad tan cercana a los más altos dignatarios del país. Fue médico del General Joaquín Crespo, con cuya señora fue padrino de uno de los hijos del Dr. Bruzual Serra, que era entonces el ministro de más influencia en el gobierno de Crespo.

Durante su vida profesional en Venezuela, José Gregorio fue también médico de los siguientes siete Presidentes de la República en sucesión cronológica: el Doctor Raimundo Andueza Palacio, Ignacio Andrade, Cipriano Castro, Juan Vicente Gómez, Victorino Márquez Bustillos, José Gil Fortoul, y de todos sus Ministros más influyentes en el Gobierno.

Fue el Doctor Raimundo Andueza Palacio, quien en 1890 le pedirá a José Gregorio que regrese antes de haber cumplido el plazo de sus becas en el extranjero, para que cree las facultades sobre histología, patológica y fisiología, y también le suministra el dinero para traer un laboratorio completamente equipado, que habrá de establecerse en la Universidad Central de Venezuela.

El mandatario venezolano que tuvo la mayor influencia positiva en el futuro profesional de José Gregorio, fue el Dr. en leyes y Presidente la República Juan Pablo Rojas Paúl. José Gregorio con sus escasos 25 años de edad, consigue una beca para irse a estudiar en la Universidad de la Sorbona en París, para cursar microscopía, bacteriología, histología normal, ananatomía patológica y fisiología experimental, por decreto presidencial emitido por el Dr. Rojas Paúl el 31 de julio de 1889.

Vargas

//
Alocución del Cardenal Jorge Urosa Savino en el acto de exhumación del Dr. JGH. en Caracas

JOSÉ GREGORIO HERNÁNDEZ, HOMBRE DE DIOS
ACCIÓN DE GRACIAS A DIOS Y VENERACIÓN DE LOS RESTOS DEL DR. JGH

Invocación en el acto de exhumación de sus restos
Iglesia de N. Sra. de la Candelaria, 26 de octubre de 2020

Queridos hermanos, los invito dar gracias a Dios por nuestro futuro Beato, el Dr. José Gregorio Hernández, y a venerar con fe y devoción sus restos mortales.

En el nombre del Padre, y del Hijo y del Espíritu Santo. Amén.

Señor Dios, Padre de Nuestro Señor Jesucristo:

Te adoramos y te bendecimos porque llevaste a José Gregorio por caminos de bien y de santidad. Te damos gracias por todas las cualidades con que sirvió a nuestro pueblo venezolano: en las aulas universitarias, en los laboratorios y en la atención médica esmerada a los enfermos, especialmente a los más pobres.

Te agradecemos sus grandes virtudes cristianas: su luminosa fe en Ti, Señor, su sólida esperanza y su ardiente caridad. Te bendecimos porque él cumplió santamente tus Diez Mandamientos, y te damos gracias sobre todo por su intenso amor al prójimo. Así llegó a ser verdaderamente *UN HOMBRE DE DIOS*, que practicó las virtudes de manera excepcional. Una persona de fe viva y piedad religiosa, con la participación diaria en la Santa Misa, el rezo del rosario, la devoción a la Santísima Virgen María, su pertenencia a la Tercera Orden de San Francisco.

En fin, te damos gracias, Señor, porque José Gregorio Hernández, como *hombre de Dios, médico de los pobres, cristiano ejemplar y apóstol de la paz* es paradigma de buen venezolano, ejemplo de virtudes cristianas y humanas, y gran modelo para nuestros jóvenes.

Te pedimos que nos ayudes a imitarlo en su vivo amor a ti y a nuestro prójimo, y en su devoción a nuestra Madre celestial, la Stma. Virgen María. Y te rogamos también que todos los venezolanos vivamos como hermanos en Cristo. ¡Por el mismo Jesucristo, Nuestro Señor! Amén.

Cardenal Jorge Urosa Savino
Arzobispo emérito de Caracas

Yaracuy

Referencias bibliográficas

1. ORTÍZ, CARLOS, José Gregorio Hernández. Cartas selectas, Libros El Nacional, 2000

2. AVENDAÑO RODRÍGUEZ, PEDRO ROBERTO. José Gregorio Hernández: un proceso y una incógnita. Caracas: [Editora San José], 1973;

3. BRICEÑO-IRAGORRY LEOPOLDO, José Gregorio Hernández, su faceta médica.Gac Méd Caracas 2005;113(4):535-5

4. Carvallo T. Tópicos históricos-científicos. Gac Méd Caracas. 1945; 53(12):97-99.

5. CARVALLO, TEMÍSTOCLES. El fundador de la medicina experimental en Venezuela. Caracas: S/n., 1961; __

6. CASTELLANOS, RAFAEL RAMÓN. El milagroso médico de los pobres en Isnotú. Caracas: Ediciones La Vichú, 1991;

7. Comp. Homenaje al Dr. José Gregorio Hernández. Caracas: Tipografía La Nación, 1945;

8. CONTRERAS ANDRADE, FLOREAL VICENTE. Vida del Doctor José Gregorio Hernández. Valencia: Universidad de Carabobo, Dirección de Medios, Publicaciones y RRPP, 1997.

9. DÍAZ ÁLVAREZ, MANUEL. El médico de los pobres. 4ª ed. Caracas: Ediciones Paulinas, 1990;

10. 10. FEBRES CORDERO, RAFAEL MARÍA. El venerable José Gregorio Hernández. Caracas: Ediciones Trípode, 1986;

11. FUNDACIÓN POLAR, Diccionario de Historia de Venezuela, 2ª Edición, Caracas: Fundación Polar, 1997.

12. GEMA, EDUARDO DE. El siervo de Dios doctor José Gregorio Hernández Cisneros: el hombre, el santo, el sabio: su vida. Caracas: Imprenta Nacional, 1950;

13. HERNÁNDEZ BRICEÑO, ERNESTO. Nuestro tío José Gregorio Hernández: contribución al estudio de su vida y de su obra. Caracas: s.n., 1958. 2 v.; _

14. HERNÁNDEZ JG. De la nefritis en la fiebre amarilla. Gac Méd Caracas. 1910;17(3):17-19.

15. HERNÁNDEZ JG. Lecciones de bacteriología. Gac Méd Caracas. 1893-94;1(11):53-54, 1(14):77-78, 1(9):73-74, 1(5):42-43, 1(6):48-49, 1(18):107-108.

16. HERNÁNDEZ JG. Lesiones anatomo-patológicas de la pulmonía simple o crupal. Gac Méd Caracas.1910; 17:147-149.

17. HERNÁNDEZ JG. Nota preliminar acerca del tratamiento de la tuberculosis por el aceite de chaulmoogra. Gac Méd Caracas. 1918; 25(12):127.

18. HERNÁNDEZ JG. Sobre el número de los glóbulos rojos.Gac Méd Caracas. 1893-94; 1(15):84.

19. HERNÁNDEZ JG. Sobre la angina de pecho de naturaleza paludosa. Gac Méd Caracas. 1984; 1(21):129131.

20. HERNÁNDEZ JG. . De la nefritis a la fiebre amarilla. Gaceta Médica de Caracas, 1910.

21. HERNÁNDEZ JG. Elementos de bacteriología. 2° ed. Caracas. El Cojo, 1922.

22. HERNÁNDEZ JG. . Elementos de bacteriología. 2ª ed. Caracas: El Cojo, 1922; __. Elementos de filosofía. 3ª ed. Caracas: Bibliográfica Venezolana, [1959]; __. Obras completas. Caracas: Universidad Central de Venezuela, 1968.

23. HERNÁNDEZ JG. Lecciones de Bacteriología. Gaceta Médica de Caracas, 1910.

24. 24. HERNÁNDEZ JG. Lesiones anatomo – patológicas de la pulmonía simple o crupal. Gaceta Médica de Caracas, 1910.

25. HERNÁNDEZ JG. . Nota preliminar acerca del tratamiento de la tuberculosis por el aceite de Chaulmoogra. Gaceta Médica de Caracas, 1918.

26. HERNÁNDEZ JG. Obras completas. Caracas. Universidad Central de Venezuela, 1968.

27. HERNÁNDEZ JG. Renuncia ante la Academia Nacional de Medicina. Gaceta Médica de Caracas, 1913.

28. HERNÁNDEZ JG. Sobre angina de pecho de naturaleza paludosa. Gaceta Médica de Caracas, 1894

Zulia

Referencias bibliográficas

29. HERNÁNDEZ JG. Sobre el número de glóbulos rojos. Gaceta Médica de Caracas, 1893- 1894.

30. http://albino.com/torralvo/gregorio.htm

31. http://caibco.ucv.ve/caibco/CAIBCO/Vitae/VitaeVeinticuatro/Personajes/ArchivosHTML/referencias.htm vitae academia biomedica digital

32. http://www.anm.org.ve

33. http://www.diarioeltiempo.com.ve/edicion_especial/josegregorio.php

34. http://www.med.ucv.ve/escuelas_institutos/IME

35. ICONOGRAFÍA: FOTOGRAFÍA, El Cojo Ilustrado, Caracas, núm. 40, agosto 15, 1893. RETRATO, Jean D'Aubine, óleo/tela, Palacio de las Academias, Caracas. FOTOGRAFÍA, Academia de Historia de la Medicina, Caracas. FOTOGRAFÍA, El Universal, Caracas, junio 26, 1994.

36. *Información obtenida del libro "Gente de Venezuela", Tomo II, del autor Jorge Maldonado Parrilli.)*

37. José Gregorio Hernández: reformador de los estudios médicos, gran profesor universitario, investigador científico. Trujillo: Imprenta del Estado, 1946;

38. José Gregorio Hernández, su obra científica y social en Venezuela. Caracas: Imprenta de la Dirección de Cultura y Bellas Artes, [1952]; __.

39. La obra científica revolucionaria de José Gregorio Hernández. Caracas: S/n., 1957;

40. MALDONADO, FRANCISCO A. Cenizas inmortales: año centenario del nacimiento del siervo de Dios doctor José Gregorio Hernández Cisneros, 1864- 1964. Caracas: Ediciones Paulinas, 1963;

41. MARTÍN FRAGACHÁN, GUSTAVO. Magia y religión en la Venezuela contemporánea. Caracas: Universidad Central de Venezuela, Ediciones de la Biblioteca, 1983;

42. NÚÑEZ PONTE, JOSÉ MANUEL. Dr. José Gregorio Hernández, ensayo crítico biográfico. 3ª ed. Caracas: Imprenta Nacional, 1958;

43. PERERA, AMBROSIO. José Gregorio Hernández: un médico americano para la historia de la medicina. San José, Costa Rica: Embajada de Venezuela, 1972;

44. PUIGBÓ JJ. Discurso de toma de posesión de la presidencia de la Academia Nacional de Medicina. Gac Méd Caracas. 2002;110(3):401-422.

45. RÍSQUEZ FA. Dr. JG Hernández: ante su tumba. Gac Méd Caracas. 1919;26(13):135-136.

46. RÍSQUEZ JR. Homenaje a JG Hernández. Gac Méd Caracas. 1941;48(21-22):352-354.

47. RUEDA, NICOLÁS. José Gregorio Hernández: evangelizador de la medicina. Caracas: Ediciones Trípode, 1986;

48. SAN BLAS G. Un poco de historia y actualidad en la ciencia y la microbiología venezolana. Internatl Microbiol. 1988;1:7-9.

49. SANABRIA, ANTONIO. José Gregorio Hernández de Isnotú, 1864-1919: creador de la moderna medicina venezolana. Caracas: Imprenta Universitaria, 1977.

50. TRAVIESO C. Homenaje a los grandes maestros de la medicina venezolana. Caracas OBE; 1964.

51. VELEZ BOZA F. La docencia médica del Dr. José G Hernández. Rev Soc Venez Hist Med. 1995;45(69):288-308.

52. www.banrep.gov.co/blaavirtual/boleti3/bol15/

53. www.diarioeltiempo.com.ve/edicion_especial/

54. www.trujillonetcom.ve/josegregoriohernandez.hm

55. https://www.museosdetenerife.org/assets/downloads/publication-cc78fd5943.pdf

56. HERNÁNDEZ BRICEÑO, Ernesto. Nuestro tío José Gregorio: contribución al estudio de su vida y de su obra. 1a ed. Caracas: [s.n.], 1958 (Sucesores de Rivadeneyra). 2v. (t.1: 1310 p.; t.2: 2521 p.)

57. https://www.monografias.com/trabajos42/jose-gregorio-hernandez/jose-gregorio-hernandez.shtml-nacim

58. http://www.diarioeltiempo.com.ve/noticias/conozca-el-milagro-que-llevo-al-doctor-jose-gregorio-hernandez-la-beatificacion

Vaticano

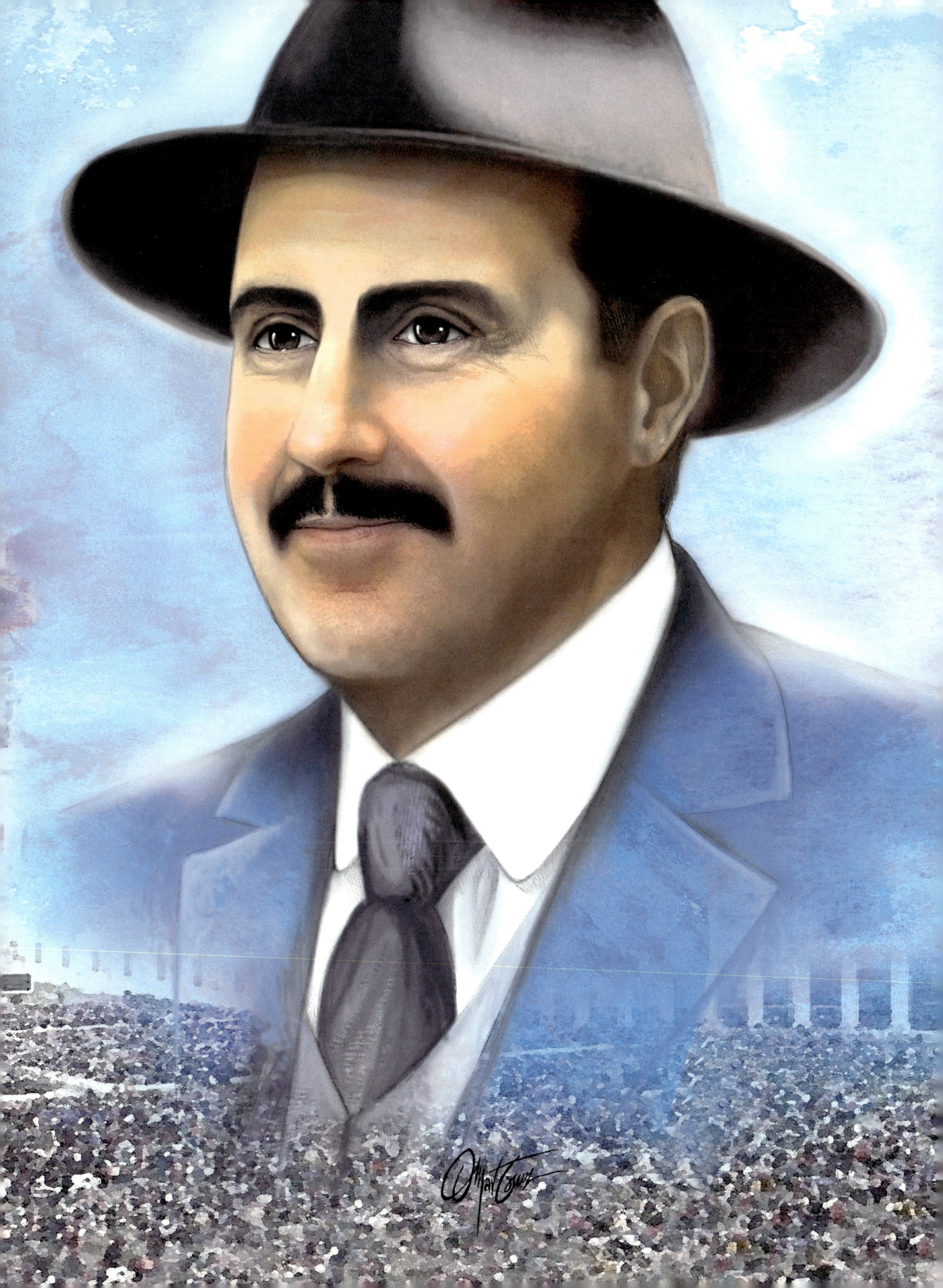

José Gregorio Hernández Cisneros

Archivo digital-audiovisual de cine y televisión

Varias consultas telefónicas al Padre José Palmar OSF sobre la vida y obra del Dr. José Gregorio Hernádez, Los Ángeles California - Miami, Florida. Agosto-septiembre 2020.
Archivo de YouTube con testimonios del fervor popular por José Gregorio Hernádez:
https://youtu.be/BKf9aeSjaaA

En 1990 se produjeron en Venezuela dos telefilmes sobre su vida:
- "El Venerable", de RCTV. Actor principal: Flavio Caballero.
- "José Gregorio Hernández, el siervo de Dios", de Venevisión. Actor principal: Mariano Álvarez.

La médium del venerable se estrenó la película en 2019.

Véase también
- Candelaria de San José
- Madre María de San José

Referencias
- Floreal Vicente Contreras Andrade (1 de enero de 1997). Vida del doctor José Gregorio Hernández. Universidad de Carabobo. ISBN 978-980-233-176-5.
- Natalio Domínguez Rivera (1983). Biografía del doctor José Gregorio Hernández Cisneros. publisher not identified.
- «Un 26 de octubre nació el siervo de Dios»
- a b Dejeki, Monica (20 de junio de 2020). «José Gregorio Hernández, el santo sin reconocimiento». El Nacional. Consultado el 20 de junio de 2020.
- «Comienza año jubilar de José Gregorio Hernández: Sesquicentenario de Natalicio del Venerable»
- «Vida y obra del Dr. José Gregorio Hernández (1864–1919)». Consultado el 10 de noviembre de 2017.
- «Dr. José Gregorio Hernández» (Fuente: Catholic. net)
- Libro segundo del gobierno eclesiástico de la parroquia Dulce Nombre de Jesús de Escuque, archivo Diocesano del estado Trujillo.
- «José Gregorio Hernández: Notas Biográficas»
- a b c «José Gregorio Hernández: Médico – Cartujo – Seminarista – Médico»
- a b «Dr. José Gregorio Hernández: Sus estudios en Caracas» (Fuente: Catholic.net)
- «JGH: Notas Biográficas»
- «José Gregorio Hernández: La Universidad (II)». artículo de Raúl Díaz Castañeda.
- ««Biografía de José Gregorio Hernández: Dedicación al estudio y puntualidad en sus estudios en la Universidad Central»». Archivado desde el original el 23 de octubre de 2014. Consultado el 23 de octubre de 2014.
- ««Biografía de José Gregorio Hernández: Su primer mes y medio como médico en Caracas»». Archivado desde el original el 23 de octubre de 2014. Consultado el 23 de octubre de 2014.
- a b ««Biografía de José Gregorio Hernández: Médico Rural»». Archivado desde el original el 23 de octubre de 2014. Consultado el 23 de octubre de 2014.
- «José Gregorio Hernández: la filosofía de una ciencia»
- Briceño-Iragorry, Leopoldo (Diciembre, 2005). «José Gregorio Hernández, su faceta médica. (1864– 1919)». Gaceta Médica de Caracas. Consultado el 9 de noviembre de 2017.
- «Cazadores de Microbios de Venezuela». www.cazadoresdemicrobios.com.ve. Consultado el 10 de noviembre de 2017.
- Shaylim Valderrama (20 de junio de 2020). «Venezuela celebra un nuevo beato en medio de pandemia por COVID-19». Reuters. Consultado el 20 de junio de 2020.
- Moleiro, Alonso (20 de junio de 2020). «José Gregorio, el médico de los abandonados que pone de acuerdo a todos en Venezuela». EL PAÍS. Consultado el 20 de junio de 2020.
- «La muerte de José Gregorio Hernández». Crónicas del Tánatos. 26 de octubre de 2013. Consultado el 10 de noviembre de 2017.
- «Hace 94 años murió arrollado el Dr. José Gregorio Hernández». Archivado desde el original el 5 de noviembre de 2013. Consultado el 29 de junio de 2013.

- Juan José Puigbó (13 de junio de 2002). «Discurso con motivo de la toma de posesión de la Presidencia de la Academia Nacional de Medicina». Gaceta Médica de Caracas.
- «Así fue el proceso para la beatificación de José Gregorio Hernández». Diario Primicia. 22 de junio de 2020. Consultado el 24 de junio de 2020.
- «Conozca fases del proceso de beatificación de José Gregorio Hernández». La Prensa de Lara. Consultado el 24 de junio de 2020.

Bibliografía

- Alegría, Ceferino (1970). Figuras médicas venezolanas I. Caracas: Ediciones Pulmobronk.
- Altazini, Enrique (2007). «José Gregorio Hernández, el santo de Venezuela». Archivado desde el original el 1 de diciembre de 2008.
- Arráiz Lucca, Rafael (2019). El doctor Hernández: hombre y mito. Caracas: Efecto Cocuyo.
- Briceño-Iragorry, Leopoldo (2005). José Gregorio Hernández, su faceta médica (1864–1919). Caracas: Gaceta Médica de Caracas.
- Perera, Ambrosio (2014 (1972)). Doctor José Gregorio Hernández. Un médico americano para la historia médica mundial. Caracas: Revista de la Sociedad Venezolana de Historia de la Medicina, volumen 63, número 2.
- Sánchez, Marianny (2006). José Gregorio Hernández, la filosofía de una ciencia. Academia Biomédica Digital.
- Suárez, María Matilde (2006). José Gregorio Hernández. Caracas: El Nacional y Banco del Caribe. ISBN 980-6518-60-8.

Enlaces externos

- Wikimedia Commons alberga una categoría multimedia sobre José Gregorio Hernández.
- https://www.elnacional.com/venezuela/jose-gregorio-hernandez-el-santo-del-que-se-conoce-poco-hablan-sus-biografos/
- https://sites.google.com/a/uvm.edu.ve/textos-del-dr-raul-diaz-castaneda/bautizo-y-confirmacion
- https://www.museosdetenerife.org/assets/downloads/publication-cc78fd5943.pdf
- Título Nuestro tio José Gregorio [Texto impreso] : Contribución al estudio de su vida y de su obra Autor Hernández Briceño, Ernesto 1958. 2 Tomos. 1,600 páginas. Biblioteca Nacional de España, Madrid. 4 Ejemplares Disponibles
- http://catalogo.bne.es/uhtbin/cgisirsi/x/0/0/5/?searchdata1=431806956

Luis Medina, Editor

Luis Medina es sinónimo de entretenimiento. Venezolano de nacimiento, este hombre de las comunicaciones inició su vida trabajando desde los doce años de edad en diversas estaciones de radio en Caracas, donde aprendió a conocer muy de cerca el mundo de la radio, la televisión, la publicidad y la música.

Ya a los veinte años, fijó su residencia en Los Estados Unidos y allí enfocó cada área de la industria norteamericana del espectáculo hacia el manejo de personalidades. Con más de tres décadas de experiencia, Luis Medina es el presidente de UNO Productions Inc., basada en Los Angeles, California.

Hoy su espíritu visionario lo llevó a celebrar la ya anunciada Beatificación del Dr. JOSÉ GREGORIO HERNÁNDEZ, reafirmando con este libro ilustrado, "RECORRIDO POR VENEZUELA", su fe en el MÉDICO DE LOS POBRES.

Omar Cruz, Artista

Omar Cruz se formó en Venezuela con los grandes maestros de la plástica nacional, entre los que destacan Pascual Navarro, (carboncillo), Domingo Martínez, (óleo), Carlos Galindo Sancho, (historietas) y Antonio Galeandro (retratos). De la mano de su padre Pedro Cruz, Omar ingresa en la Escuela Cristóbal Rojas donde su contacto con el arte es más profundo. Allí estudia Arte Puro con el profesor y artista plástico Juan Calzadilla. Estudia el arte de Armando Reverón, Bárbaro Rivas, Manuel Cabré, Alejandro Otero, entre otros. Le impactan el polifacético artista italiano Miguel Ángel Buonarroti y Leonardo Da Vinci.

Las obras de Omar Cruz han sido reconocidas con los siguientes galardones:

- Condecoración "Cecilio Acosta" en su Primera Clase, Gobierno del Estado Miranda 1995
- Órden de la Ciudad de Chacao 1996
- Mención Especial Pedro León Zapata 1997
- Premio Municipal de Periodismo Municipio Libertador 1998
- Orden Ciudad de Bejuma en su Única Clase 1998
- Premio Municipal de Periodismo Municipio Chacao 1998
- Premio Nacional de Periodismo 2005
- Premio Nacional de Periodismo 2010.

Hernán de Béky, Escritor

De niño soñador a figura en Hollywood.

Deslumbrado por las imágenes de Hollywood que veía en televisión de niño en Caracas, Hernán de Béky juró que algún día tendría un rol en la industria de la televisión, la música y el cine de Estados Unidos. A los 21 años llegó a Los Ángeles becado para estudiar la Licenciatura en Cine y Televisión en Columbia College-Hollywood. Muy pronto, fue destacado como corresponsal de entretenimiento en Los Ángeles para prestigiosos medios en Latinoamérica. Su misión de entrevistar figuras estelares comenzó con Sir Alfred Hitchcock. Como locutor de publicidad, Hernán comenzó una carrera meteórica, en la que recibió un Clio Award, dos Premios Don Belding y un Premio a la Excelencia de General Motors. Como escritor, Hernán ha sido reconocido con tres Premios Emmy®. Con su película autobiográfica "Remember This Voice" (producida por The Hollywood Reporter), hasta el momento Hernán ha recibido mútiples reconocimientos en Estados Unidos, Canadá, Chile, Japón y la India.

Fotografia: David Rey